获得北京财政专项——财务管理专业建设项目资金支持和
"企业理财目标的创新性研究——顾客利益首位化（ SK2（

酒店盈利模式

Hotel Profit-making Model

裴正兵 著

经济管理出版社
ECONOMY & MANAGEMENT PUBLISHING HOUSE

图书在版编目（CIP）数据

酒店盈利模式/裴正兵著. —北京：经济管理出版社，2015.12
ISBN 978-7-5096-4128-6

Ⅰ. ①酒… Ⅱ. ①裴… Ⅲ. ①饭店—盈利—模式 Ⅳ. ①F719.2

中国版本图书馆 CIP 数据核字（2015）第 306041 号

组稿编辑：王光艳
责任编辑：许　兵
责任印制：黄章平
责任校对：张　青

出版发行：经济管理出版社
　　　　　（北京市海淀区北蜂窝 8 号中雅大厦 A 座 11 层　100038）
网　　址：www. E-mp. com. cn
电　　话：(010) 51915602
印　　刷：北京紫瑞利印刷有限公司
经　　销：新华书店
开　　本：720mm×1000mm/16
印　　张：16.5
字　　数：220 千字
版　　次：2016 年 6 月第 1 版　　2016 年 6 月第 1 次印刷
书　　号：ISBN 978-7-5096-4128-6
定　　价：58.00 元

前　言

    利润是一切企业生存与发展的根本保证。没有足够、稳定、长期和可持续的利润作支撑，任何一个企业都无法实现长期的生存与发展，酒店也不例外。于是，如何获取利润就成为包括酒店在内的所有企业都必须严肃思考并且认真回答的重大问题。

    对企业盈利问题符合逻辑的理性思考就是对企业盈利模式的思考。如何设计、变革和创新企业盈利模式是事关酒店如何生存、如何发展的根本性和战略性问题。

    当前，中国旅游业和酒店业正处在一个新的发展阶段。在这个新的发展阶段，中国酒店业既面临着经济全球化和中国经济多年高速增长所带来的难得的发展机遇和巨大的市场诱惑，同时也面临着复杂多变的外部环境——人力成本上升、信息技术变化、竞争全球化等多种因素纷纷呈现，以使中国酒店业面临巨大的挑战。在机遇与挑战并存之下，酒店业如何准确把握机遇、创造盈利，同时避免失误，实现酒店持续的盈利、长期的生存与发展，就成为每一个酒店及其经营管理者必须考虑的首要问题。

    本书的写作目的是在充分吸收和借鉴前人大量研究成果的基础上，揭示酒店盈利的内在逻辑，创新性地为酒店经营者提供一个设计与创新酒店盈利模式的框架性的理论工具，以有助于酒店业在激烈的市场竞争中抓住机遇，通过盈利模式的设计与创新，实现持续性的盈利，并且以持续性的盈利支撑酒店发展与壮大。

本书具体内容如下：

第一章是盈利模式理论研究综述。本书作为一种探索性研究，是建立在前人大量研究成果基础上的。本章既是对前人研究成果的总结，也是本书所构建盈利模式的基础，同时，也有助于未来相关领域研究者的研究。在此向相关研究领域的广大研究者表示诚挚的敬意与谢意。

第二章是基于"顾客价值"的盈利模式结构分析。本章是对本书所构建盈利模式的理论结构体系的总体阐述。同时，本章还给出了作者对盈利模式的概念、要素和特征等的理解。本书后面章节内容是对本章盈利模式理论结构体系内容的具体展开。

第三章是酒店顾客价值分析。本书对酒店盈利模式的分析是围绕"顾客价值"进行的，因此顾客价值分析成为本书所构建的盈利模式的核心，只有对"顾客价值"有了充分的认识，才有可能设计或创新出合理的酒店盈利模式。

第四章是酒店盈利环境。本章是对盈利模式中盈利环境要素的分析。任何酒店的盈利模式都是基于特定的盈利环境而存在。当盈利环境发生变化时，酒店的盈利模式也就要相应变革或创新，这样才能保持盈利模式对环境变化的适应性，否则盈利模式就会因不适应环境变化而被淘汰。本章为盈利环境分析提供了框架性的工具与方向。

第五章是酒店盈利源。本章是对盈利模式中盈利源要素的分析。酒店的一切盈利都来源于顾客。酒店的目标顾客构成了酒店的盈利源。酒店盈利源分析是酒店盈利模式设计的重要一环。本章对酒店盈利源的概念、市场细分、价值需求特征、价值需求分析给出了框架与方向。

第六章是酒店盈利点。本章是对盈利模式中盈利点要素的分析。酒店对盈利源价值需求的满足，需要借助相应的盈利点来实现。本章给出了酒店盈利点的概念、层次、构成、分类、设计流程以及具体实践，为酒店盈利点设计提供了具有可操作性的指导。

第七章是酒店盈利杠杆。本章是对盈利模式中盈利杠杆要素的分析。盈利杠杆是将酒店资源转化为酒店产品和服务，从而满足酒店盈利源价值需求的一系列业务活动。酒店盈利杠杆是事关酒店业务的内容。盈利杠杆的核心是"低成本、高效率"地生产酒店产品和"低成本、高效益"地营销酒店产品，以使酒店在满足顾客价值需求的前提下，为顾客创造价值和为酒店赢得利润。

第八章是酒店盈利屏障。本章是对盈利模式中盈利屏障要素的分析。酒店盈利屏障是酒店为保护自身市场和利润不受侵蚀而营建的壁垒，主要包括顾客满意与忠诚屏障、酒店品牌形象屏障和酒店员工满意与忠诚屏障，本章还为酒店营造和提高盈利屏障提供了相应的办法与措施。

第九章是酒店盈利家。本章是对盈利模式中盈利家要素的分析。盈利家是指具有极强市场预见性、远大抱负、创新与冒险精神，设计和创新企业盈利模式的企业家个人或创业团队。本章分析了酒店盈利家需要具备的基本素质与能力、理念与思维。

本书通过上述章节内容的论述，构建起相对完善的酒店盈利模式理念结构体系，并在其中引用必要案例资料，作为酒店管理者从事相关实践活动的应用性指导。本书适用于酒店管理及旅游管理专业的大学在校生、毕业生以及酒店业的从业人员和研究人员。

本书得到北京财政专项"财务管理专业建设项目［PXM2011_014209_07_000112］"和北京联合大学校级课题"企业理财目标的创新性研究——顾客利益首位化［SK200941X］"的资金支持，在此表示感谢。

目　录

酒店盈利模式

第一章
盈利模式理论研究综述

第一节 盈利模式概念综述

目前，关于盈利模式的概念尚无一个公认的定义。对于企业盈利概念的具体含义，国内外不同的学者从不同的视角出发，有着不同的理解与认识。

同时，与企业盈利模式具有密切关系的是企业商业模式。有些研究商业模式的学者，其在实质上也是对企业盈利模式的理解与解释。因此，把这些理解与认识也归入对于企业盈利模式的理解与解释之中。

一、国外学者对盈利模式概念具有代表性的理解与认识

阿米特和左特（Amit、Zott，2000）认为，商业模式是企业创新的焦点和企业为自己、供应商、合作伙伴及客户创造价值的决定性来源。

斯图尔特和赵秦等（Stewart、Zhao Qin，2000）认为，商业模式是企业能够获得并且保持其收益流的逻辑陈述。

马哈迪温（Mahadevan，2000）则认为，商业模式是对企业至关重要的

三种流量——价值流、收益流和物流的唯一混合体。

阿福亚赫和图西（Afuah、Tucci，2000）认为，盈利模式就是公司运作的秩序，借助于这种秩序，公司可以使用资源、超越竞争者、向客户提供更大的价值，从而获取利润。盈利模式具体体现为公司现在如何获利，以及未来长时间内的获利计划。因此，应当把商业模式看成是公司为自己、供应商、合作伙伴及客户创造价值的决定性来源。

林德和坎特雷尔（Linder、Cantrell，2001）认为，盈利模式是一个通过一系列业务过程创造价值的商业系统。

托马斯（Thomas，2001）认为，商业模式是开办一项有利可图的业务所涉及流程、客户、供应商、渠道、资源和能力的总体构造。

玛格瑞塔（Magretta，2002）指出，盈利模式是一个企业如何通过创造价值，为自己的客户和维持企业正常运转的所有参与者服务的一系列设想，是探求企业利润来源、生成过程和产出方式的系统方法。

奥斯特瓦德和皮尼厄（Osterwalder、Pigneur，2002）把盈利模式定义为，一个公司提供给一个或几个细分顾客和公司架构体系及合作伙伴网络的价值，公司创造、营销和传递这些价值是为了产生盈利性的可持续收益流。

施耐德（Schneider，2004）将盈利模式定义为一系列用于识别客户、开发客户，最终向客户提供服务的业务流程的集合。

拉帕（Rappa，2004）认为，"商业模式就其最基本的意义而言，是指做生意的方法，是一个公司赖以生存的模式——一种能够为企业带来收益的模式。商业模式规定了公司在价值链中的位置，并指导其如何赚钱"。他进一步指出，商业模式明确了一个公司开展什么样的活动来创造价值、在价值链中如何选取上游和下游伙伴以及与客户达成产生收益的安排类型。

二、国内学者对盈利模式概念具有代表性的理解与认识

栗学思（2003）认为，企业的盈利模式是在市场竞争中形成的、帮助企业盈利的商务结构和业务结构。

郭金龙和林文龙（2005）认为，盈利模式就是商业模式，是企业通过对所有经营要素进行分析，从而找到利润的来源，进而通过对利润来源的把握和挖掘，找出合适的经营方式并实现盈利的一种系统方法。

程书林（2005）认为，盈利模式是企业在市场竞争中逐步形成的、企业特有的、赖以盈利的商务结构及其对应的业务结构。

王方华和徐飞（2005）认为，盈利模式是企业整合自身和利益相关者的资源，从而实现价值创造并获得收益的组织机制和商业架构。

周永亮（2007）在他的《中国企业前沿问题报告》中提出，企业盈利模式就是企业将人才、技术、品牌、外部资源等要素巧妙而有机地整合在一起，并为企业创造价值的独有经营模式。

李飞和汪旭晖（2006）认为，盈利模式分析框架的核心就是识别出各个组合要素为顾客价值和企业利润做出的贡献水平。

阎峰（2006）指出，盈利模式通常是以发现行业利润区为基础，以高利润区的持久停留为目标，通过对技术、产品、销售渠道、顾客、声誉、资本、品牌等在内的资产系统配置，发展相应的经营模式。

笔者认为，作为对盈利模式概念的理解，就是要回答"什么是盈利模式"这一核心问题。对一个事物概念的科学定义，通常满足以下两点要求：第一，要能够反映这一事物的本质特征，能够将此事物与其最相近的事物区别开来；第二，表达要尽可能的简洁且易于理解。

第二节　盈利模式要素综述

与学者们对企业盈利模式概念的理解与认识存在多样化一样，学者们对于企业盈利模式究竟由哪些要素构成，不同的学者也有不同的理解，代表性的观点如下：

维西奥和布鲁斯（Viscio、Bruce，1996）认为，一个好的盈利模式必须包含五个构成部分：①核心观点，包括企业定位、战略领导、核心能力、控制使命和资本使命；②经营单位；③服务项目；④治理模式；⑤系统联系。维西奥和布鲁斯还强调盈利模式作为一个系统所生产的价值不仅是这五个构成部分的个别价值之和，它还会产生额外的价值，即系统整体价值要大于要素价值之和。一旦对个别构成要素形成了详细的定义，将有助于制定各构成部分的绩效标准，以便于加强管理。

文卡特曼和亨德森（Venkatraman、Henderson，1998）认为，一个完整的盈利模式包括以下内容：①顾客（企业）互动；②资源配置；③知识杠杆。其中，知识杠杆对盈利模式具有重要作用，知识需要与其他构成部分结合起来，才能够形成完整的盈利模式的架构。

玛格瑞塔（Magretta，2002）认为，一个健全的商业模式应该由三个要素组成：即精确描绘的角色、合理的动机和开启内在价值的计划。她这里所指的角色是指参与企业经营的各方，包括生产企业、顾客、供应商、分销商等；动机是指各方参与经营的意图和需求；价值是指参与经营的各方，特别是顾客的偏好和利益，其内在的经济逻辑是以适当的成本向顾客提供价值并使企业赚钱。玛格瑞塔（2002）把创造一个新的商业模式形象地称为"很像写一个新故事"。

美国学者加里·哈默尔（2002）对盈利模式的组成作出描述，指出盈利模式在实际的商业应用中应该包括四个方面：核心战略、客户界面、战略资源和价值网络。①核心战略包括企业使命、产品与市场范围和差异化。②客户界面包括实施与支持、信息与洞察力、关系变化和价格结构。③战略性资源包括核心能力、战略资产和核心流程。④价值网络包括供货商、伙伴和联盟。在四大要素间，由于彼此相互配合的不同，可以产生出以下三种不同的连接：连接核心战略与战略性资源的配置方式；构成核心战略与顾客界面之间桥梁的客户利益；构成公司的战略性资源与价值网络之间的公司边界。这些连接核心就是公司如何实现盈利。

栗学思（2003）认为，盈利模式的设计有五个要素：利润源、利润点、利润杠杆、利润屏障和利润家。①利润源是指企业提供的商品或服务的购买者和使用者群体，他们是企业利润的唯一源泉。②利润点是指企业为完成目标而选择的可以满足客户的某种需要或欲望的产品和服务，是支撑企业利润目标实现的原点。③利润杠杆是指企业生产产品或服务以及吸引客户购买和使用企业产品或服务的一系列业务活动，利润杠杆反映的是企业的一部分投入。④利润屏障是指企业为防止竞争者掠夺本企业的利润而采取的防范措施。⑤利润家是企业内对企业如何盈利具有极强的敏感和预见性的人，他往往是企业家本人，或许是企业家的盟友，或许是职业经理人。

原磊（2008）从盈利模式的价值创造性出发，将盈利模式分为八个组成要素：目标顾客、价值内容、网络形态、业务定位、伙伴关系、隔绝机制、收入模式、成本管理。①目标顾客是指企业的产品或者服务的针对对象。②价值内容是指企业将通过何种产品和服务为顾客创造价值。③网络形态是指为实现价值主张所必需的资源组合和能力安排。④业务定位是指对企业在价值网中所从事业务范围的描述。⑤伙伴关系是指对企业与伙伴之间产品流、收入流和信息流。⑥隔绝机制是指为价值主张和价值网络免受侵蚀和伤害而做出的机制安排。⑦收入模式是指企业获得收入的方式。⑧成本管理是指企业管理成本的方式。

　　笔者认为，作为企业盈利模式构成要素要满足以下几点要求：①相关性，即企业盈利模式的构成要素一定要与企业盈利紧密相关，并服务于企业的盈利活动，而不是侧重于企业的战略活动或业务活动；②完整性，所有企业盈利构成要素作为一个整体，能够完成企业利润的识别、构建、生产、实现、维护与创新，同时不能在企业盈利的关键活动中有重大欠缺或疏漏；③逻辑性，盈利模式的构成要素要存在天然的、内在的逻辑性，通过这种天然的、内在的逻辑性，完成企业利润的识别、构建、生产、实现、维护与创新。

第二章
基于"顾客价值"的盈利模式结构分析

第一节　盈利模式研究存在的不足

目前，理论界对企业盈利模式的概念及其构成要素存在多种见解与主张。通过对第一章文献的分析，发现主要存在以下不足：

第一，大多数对企业盈利模式的认识是从企业商业（或业务）角度出发，将企业盈利模式混同于企业商业（或商务）模式，而不是从企业盈利本身来认识企业盈利模式。

此种代表性的观点有：林德和坎特雷尔（Linder、Cantrell，2001）认为，盈利模式是一个通过一系列业务过程创造价值的商业系统；栗学思（2003）认为，企业的盈利模式是在市场竞争中形成的帮助企业盈利的商务结构和业务结构。

第二，由于对盈利模式认识视角的偏差，造成对盈利模式构成要素的认识同样集中于企业商业（或业务）系统，而不是企业盈利系统本身。

此种代表性的观点有：加里·哈默尔（Hamel，2002）认为，盈利模式在实际的应用中应该包括核心战略、客户界面、战略资源和价值网络四方面要素；文卡特曼和亨德森（Venkatraman、Henderson，1998）认为，一个完整的盈利模式包括顾客（企业）互动、资源配置、知识杠杆三方面要素；国内研究者原磊（2008）将盈利模式分为八个组成要素：目标顾客、价值内容、网络形态、业务定位、伙伴关系、隔绝机制、收入模式和成本管理。

第三，有些对于盈利模式要素的认识尽管体现了盈利模式本质特征，但关键要素缺失或要素之间的逻辑关系仍有待完善。

例如，栗学思（2003）认为盈利模式的设计有五个要素：利润源、利润点、利润杠杆、利润屏障和利润家。这种对盈利模式要素的认识符合盈利模式本质及其特征要求，但缺乏一个具有统领性的核心要素，因此无法很好地解释为什么必须是这五个要素，而不是"四个要素"或"六个要素"，同时诸要素之间的逻辑关系仍有待完善。

第二节　企业盈利模式概念理解

对企业盈利模式的认识，应从企业盈利模式本质属性的角度出发来认识，企业盈利模式的本质属性就是要回答并实现"企业的盈利从哪里来"和"企业的盈利如何来"两个基本命题。从这个观点出发，对企业盈利模式认识相对准确的是玛格瑞塔。玛格瑞塔（2002）认为，一个好的盈利模式应当能够回答彼得·德鲁克（Peter F.Drucker）的四个基本问题：谁是我们的顾客？顾客重视的价值是什么？我们怎么从这项生意中赚钱？我们以适当的成本向顾客提供价值的内在经济逻辑是什么？

基于这种观点，玛格瑞塔（2002）认为盈利模式是"一个企业如何通过创造价值，为自己的客户和维持企业正常运转的所有参与者服务的一系列设想，是探求企业利润来源、生成过程和产出方式的系统方法"。

　　玛格瑞塔对盈利模式定义相对完善地解决了盈利模式需要解决的两个问题，即"企业的盈利从哪里来"和"企业的盈利如何来"。但是有点复杂，作者认为对盈利模式更为简明的定义，可以表述为"企业盈利模式是企业实现盈利的关键要素及其逻辑关系"。

第三节　盈利模式构成要素理解

　　笔者认为，在栗学思（2003）盈利模式"五要素"，即"利润源、利润点、利润杠杆、利润屏障和利润家"的基础上，新增"顾客价值"、"盈利环境"两个要素，并且与盈利模式称谓相统一，形成由"盈利环境、顾客价值、盈利源、盈利点、盈利杠杆、盈利屏障和盈利家"这七个要素构成的盈利模式要素体系。"盈利模式七要素"与诸要素相互之间的逻辑关系一起，共同组成了企业盈利模式理论结构体系。

　　在这个盈利模式理论结构体系中，增加了"顾客价值"这一关键要素，并且这一关键要素在整个要素体系中处于核心位置，是整个企业盈利模式结构的基础性与决定性要素。"顾客价值"之所以在整个盈利模式理论结构体系之中处于核心地位，并作为整个盈利模式的基础，其原因在于"顾客价值"在整个企业盈利模式理论结构体系中的重要性。

　　"顾客价值"在整个企业盈利模式理论结构体系中的重要性主要体现在以下两个方面：

　　一方面，"顾客价值"是企业盈利重要的来源，甚至可以说是"唯一"来源。企业盈利来源于顾客为购买企业产品或服务所支付的对价中超出企业付出的部分，即"收入与成本的差额"。而顾客之所以购买企业产品或服务并乐于支付对价，原因在于企业的产品或服务能够满足顾客的价值需求。由此可见，企业只有能够满足顾客的价值需求，企业才可能有盈利，因此"顾客价值"就成为企业盈利体系中的关键要素。同样，也只有包含"顾客价值"的盈利模式理论结构体系才是完整的理论结构体系。

另一方面，"顾客价值"在整个盈利模式中处于基础性和决定性影响地位。在盈利模式的诸要素中，首先发生变化的是盈利环境，但是这种变化仅是一种客观变化，只会对其他要素产生一定的影响，并不起决定性影响。

当盈利环境要素这种客观变化发生时，首先是顾客价值主动感知到这种变化，并且进行适应性变化，进而对盈利模式的其他关键要素产生决定性影响，当其他关键要素能够适应于顾客价值的变化并且进行相应积极调整时，企业的盈利能力与水平就会增强。相反，当其他关键要素不能够适应于顾客价值的这种变化并且进行积极调整时，企业的盈利能力与水平就会削弱，甚至出现亏损或破产。

第四节　基于"顾客价值"的盈利模式结构体系

基于"顾客价值"的盈利模式理论结构体系是由"盈利环境、顾客价值、盈利源、盈利点、盈利杠杆、盈利屏障和盈利家"七个关键要素及这些关键要素之间的逻辑关系共同组成。该理论结构体系的诸要素及其逻辑具体表述如下：

一、盈利环境："顾客价值"的客观性影响要素

盈利环境指影响和制约企业盈利活动过程的各种外部和内部因素以及

条件的总和。盈利环境涉及的范围很广，包括企业外部的宏观盈利环境和企业内部的微观盈利经济。具体到对企业盈利模式的设计与创新来讲，企业外部的宏观盈利环境发挥着关键性的作用。宏观盈利环境主要由经济、政策法规、科学技术和人文社会等因素组成。宏观盈利环境因素的每一次重大变化都可能对顾客价值产生影响，进而对企业盈利模式的其他要素产生影响。例如，随着当代互联网技术、即时通信技术和电子商务技术的快速兴起，游客在旅游消费过程中对旅游消费的"便利性、及时性和私人定制性"价值需求日益重视，由此催生了一批以"在线旅游盈利模式"为代表的在线旅游企业，如携程、艺龙等。

尽管盈利环境会对顾客价值产生影响，但是它在整个盈利模式中并不起决定性和基础性作用。原因在于盈利环境中诸因素和条件的变化是一种客观现象，并不必然对企业盈利模式产生影响，其中只有与顾客价值有关，并为顾客价值所感知的环境因素变化才会对企业盈利模式产生影响，而且这种影响还是通过顾客价值要素产生间接性的影响。因此，在整个盈利模式理论结构体系中，"顾客价值"才是基础性和决策性要素。

二、顾客价值："盈利模式"的基础性和决定性要素

顾客价值是顾客根据自身价值需求，在拥有或使用某种产品或服务所感知到的利益与获取该产品或服务所付出的成本进行权衡后，对该产品或服务效用的总体评价。顾客价值根据产生和实现过程，可以划分为顾客价值需求、顾客价值实现、顾客价值评价三个组成部分。其中顾客价值需求是最关键部分，它是本书盈利模式的统领性因素。因为不管何种盈利模式，其本质要求都是一样的：在满足顾客价值需求的同时为顾客创造更多价值，在为顾客创造更多价值的同时为企业创造更多的利润。

"顾客价值"在盈利模式诸要素中处于"基础性和决定性"地位，主要原因是企业盈利模式的其他要素"盈利源、盈利点、盈利杠杆、盈利屏

障和盈利家"是由围绕顾客价值要素实现而展开的。顾客价值需求的多样性和企业资源（能力）的有限性，决定了特定的企业不可能满足"所有顾客的所有价值需求"，由此产生了顾客价值细分和定位，这正是盈利模式中"盈利源"要素所要考虑的内容；满足具体顾客（或顾客群）抽象性的价值需求可能存在着多种手段或方式，企业必须从多种手段或方式中选择（或设计）特定的手段和方式（即确定企业具体的产品或服务），这正是盈利模式中"盈利点"要素所涉及的内容；企业要用特定的手段和方式（即企业具体的产品或服务）"低成本、高效益"地满足顾客的价值需求，就要进行相应的产品或服务的生产与营销，这是盈利模式中"盈利杠杆"所包括的内容；顾客价值需求的短期相对稳定性和市场竞争的不可避免性，决定了企业必须充分维护自身盈利模式和盈利水平的稳定性，这是盈利模式中"盈利屏障"要素所涵盖的内容；顾客价值需求的长期绝对变化性和市场竞争日益激烈性，决定了企业必须适时地对自身盈利模式进行调整与创新，这是盈利模式中"盈利家"要素所涉及的内容。

三、盈利源："顾客价值"的细分与定位

盈利源是指目标市场中购买本企业产品或服务的顾客群，他们是企业利润最主要来源。但是，顾客价值需求存在多样化与个性化现象。例如，有些顾客最关注产品或服务功能的完善性，有些顾客更关注产品或服务质量的稳定性，有些顾客更在意产品或服务价格的经济性。在市场的竞争中，试图满足所有顾客的所有价值需求不仅难以实现，同时企业还将为此支付高昂的成本与代价。因此，任何一种企业盈利模式都将无法满足市场中的全体顾客的价值需求，也无法真正为全部顾客创造价值。

于是，企业就需要根据顾客的价值需求特征，通过价值需求细分，并结合企业资源（能力）状况与未来发展战略，选择合适的目标顾客群体，作为企业盈利模式中的盈利源。在尽可能为这些顾客创造价值的同时，最

大限度地为企业创造利润。这样,盈利源作为实现盈利模式中"顾客价值细分与定位"功能的关键要素,成为企业盈利模式理论结构体系的一个关键要素。

四、盈利点:"顾客价值"的实现手段与方式

盈利点是企业向盈利源(即目标顾客群)提供的、能够为顾客创造价值、能够帮助企业获得盈利的产品和服务,它是企业满足顾客价值需求,实现企业盈利的手段与方式。在确定了企业盈利模式中的盈利源(即"顾客价值"的细分与定位)之后,就需要确定为满足这些特定顾客的价值需求所应采用的手段与方式。顾客价值大小是顾客对于企业所提供的产品或服务愿意支付的价值。顾客价值的大小由顾客决定,而不由企业自身决定。顾客愿意支付的价值,即企业为顾客创造的价值,如果超过了企业提供相应产品或服务的花费,即企业产品或服务的成本,那么企业就会创造盈利,否则企业就会发生亏损。因此,盈利点的选择也成为企业盈利模式设计与创新中的重要一环。

随着当代科学技术的飞速发展,能够满足顾客特定价值需求的手段与方式在快速地演变与进步。例如,在满足人类信息沟通的手段与方式方面,经历了纸质邮件、电报、固定电话、移动电话、网络通信等多种手段或方式,适应于不同盈利点的手段与方式,催生出不同类型的盈利模式和代表性企业。因此,企业要随着关注盈利环境中科学技术因素的变革,通过盈利点的创新来创新自身的盈利模式,获得长期的生存、发展与盈利。这样,盈利点作为实现盈利模式中"顾客价值的实现手段与方式"的关键要素,成为企业盈利模式理论结构体系的一个关键要素。

五、盈利杠杆:"顾客价值"的实现

盈利杠杆是指企业生产、营销产品或服务所采取的一系列业务活动,

功能是将企业资源转化为产品，盈利杠杆可以反映企业投入与产出效果。在确定了企业的盈利点（即顾客价值的实现手段与方式）后，企业需要考虑如何充分利用自身的资源（或能力），通过对企业内部价值链与供应链、企业外部价值链与供应链的有效整合，通过有效的生产方式，"低成本、高效率"地生产企业的产品或服务；通过有效的营销策略，"低成本、高效益"地营销企业的产品或服务，最终在为顾客创造价值的同时为企业赢得利润。

六、盈利屏障："顾客价值"的保障与维护

盈利屏障是指企业为保护自身市场和利润不受侵蚀，而采取的各种防范措施。它与盈利杠杆的相同之处在于同样表现为企业资源投入与消耗；不同之处在于盈利杠杆是企业为创造或提高利润而做出的各种努力，盈利屏障是企业为保护其市场和利润不被削弱或侵蚀而采取的各种措施。

一种新的盈利模式出现与形成，通常是该模式能够为顾客高效率地创造独特的价值，但是由于市场竞争的存在和盈利环境的变化，从长期来看，任何一种盈利模式都有可能陈旧、过时，或者被其他企业所模仿甚至超越，从而使该企业的市场和利润受到削弱或侵蚀。为了保护企业既有的市场和利润，企业应该有意识地采取各种防范措施，即营造自身的盈利屏障，通过对"顾客价值"的保障与维护来巩固自身市场和利润。企业营造盈利屏障的措施通常包括企业为维护和保证顾客满意与忠诚、员工满意与忠诚、企业品牌形象而采取的各种有效措施。

七、盈利家："顾客价值"的发现、盈利模式的设计与创新要素

盈利家是能够发现顾客价值需求及其变化，并为实现这种需要及变化而设计与创新企业盈利模式的个人或团队。

盈利家通常是具有极强市场预见性、远大抱负、创新与冒险精神的企业家个人或创业团队。一种新的盈利模式的产生与形成，往往是某个企业家个人或创业团队首先通过对当前盈利环境的深入观察与思考，发现当前市场存在一些既有市场无法满足，但又客观存在，并且现有技术手段能够实现的某些顾客价值需求；其次为实现这些价值需求设计出新的盈利模式，进而推动新企业的产生或既有企业的复兴。

正如苹果公司前总裁史蒂夫·乔布斯（Steve Jobs）在 20 世纪 90 年代重新回归苹果公司后，发现当前电子产品高端消费者对电子产品存在"工艺精致、操作简洁、体验非凡"的价值需求，围绕这一价值需求的实现，重构了苹果的盈利模式，实现了苹果公司的再次强盛。

基于"顾客价值"企业盈利模式理论结构体系不仅回答"企业盈利从哪里来"这一盈利模式本质属性应该回答的第一命题，而且确立起盈利模式诸要素及其之间内在的逻辑关系，进一步回答了"企业盈利如何来"这一盈利模式本质属性应该回答的第二命题，由此构建起完善的盈利模式理论结构体系。这一理论结构体系不仅对盈利模式的理论研究有所补充，而且为企业盈利模式设计与创新提供了具有指导意义的思路流程和可操作性的框架体系。这样，企业围绕盈利模式诸要素及要素相互之间的逻辑关系的思考，就可以思路清晰地设计或创新出自身的盈利模式，服务于企业的长期生存、发展与盈利。

第五节　基于"顾客价值"盈利模式的属性与特征

基于"顾客价值"的盈利模式与其他盈利模式或商业模式相比，具有若干显著属性与特征，这些属性与特征主要表现如下：

一、盈利性

盈利性，或称利润获取性，是盈利模式的本质属性。这是由企业的性质所决定的。企业是现代社会中以盈利为目的的一类组织。利润是企业维持自身生存和发展的前提与根本保证。没有任何一个企业产生的目的不包含盈利目标，为股东创造利润是所有企业形成的主要目的。当然，盈利不是企业产生的唯一目的，但一定是其中一个重要的目的。同时，从长期来看，企业的扩张与发展，也需要盈利所创造的物质基础来支撑。

因此，没有盈利就没有企业，同时没有盈利，也就没有企业的发展。盈利模式作为维持企业生存，支撑企业发展的重要经营模式，必然以盈利性作为其根本属性与特征。任何企业都有属于自己的经营模式，都关注企业的管理过程和方法，但并不是所有的企业都能够盈利，因而并非所有企业都有合理的盈利模式。

二、价值创造性

盈利模式的本质属性与作用是帮助企业实现盈利。在竞争性市场中，企业实现盈利的根本途径是发现顾客需求，通过产品或服务满足顾客需求，在为顾客创造价值的同时，企业取得收入并实现盈利。因此，没有价值创造性就不可能有盈利性，价值创造性是盈利模式的核心属性与特征。

盈利模式的价值创造性既是盈利模式盈利性的内在要求，同时也是盈利性的来源和保证。盈利模式设计和创新的根本目标是为企业创造利润，而企业利润的实现要围绕为顾客创造价值而展开。因此，为顾客创造价值就成为盈利模式设计和创新过程中的中心工作和核心环节。

三、系统性

所谓系统性，就是构成企业盈利模式的诸要素之间存在着相互联系、相互影响和互相依存的客观逻辑关系。例如，盈利模式中盈利环境的变化，使顾客的价值需求发生变化，顾客需求的变化又要求对盈利模式的盈利源和盈利点进行相应的调整或创新，否则就可能使企业已有的盈利模式变得过时或陈旧，无法再为顾客创造价值，最终使企业利润丧失，并导致企业亏损甚至破产。

系统性要求在盈利模式的设计与创新中，按照系统化的观点和思维，既要关注盈利模式系统中的各个要素及其运行状况，还要关注各个要素之间的相互作用及其相互适应，以便发挥盈利模式的整体效应。

四、环境适应性

每一个企业特定盈利模式形成并发挥作用是对某一特定盈利环境积极适应的结果。特别是特定盈利模式中的"顾客价值、盈利源、盈利点、盈利杠杆、盈利屏障和盈利家"等诸要素都应与盈利模式的"盈利环境"相适应，而盈利环境又是整个人类生产和生活环境的有机组成部分。因此，企业特定的盈利模式与人类生产和生活的大环境具有适应性。

当然，盈利模式的这种环境适应性是相对的，并不是绝对和永恒的。随着时间与空间的变换，人类生产和生活的大环境和企业具体的盈利环境都有可能发生变化，这时盈利模式也应进行相应的调整与创新，以便适应变化了的新环境，否则将会由于不适应变化了的新环境而变得僵化，从而失去价值创造性和盈利性。

五、独特性

每一个企业特定的盈利模式都具有自身的独特属性。这种独特属性更多时候表现为一种独特思想。这种内含在盈利模式中的独特思想能够将企业资源转化为独特产品和服务，即形成一种独特的盈利点，从而为目标顾客创造价值，即盈利模式能够提供其他竞争对手难以提供的独特价值，而这种独特价值是其他竞争对手短期内难以提供的。

企业通过确立自己与众不同的盈利模式，形成了强大的竞争优势，从而保证企业利润不受侵蚀。从某种意义上来说，只有企业自身能够充分了解自己的盈利模式，能够知道企业为什么能够为顾客提供独特的价值，能够知道企业自身作为独特的企业而存在的价值与意义。

六、难以模仿性

盈利模式的系统性和独特性在很大程度上决定了它的难以模仿性。盈利模式是由多种要素有机组合一起的整体系统。盈利模式作为一个整体系统，具有内在复杂性和关联性，难以进行机械性的分割，因此也可以说难以进行模仿。盈利模式的难以模仿性反过来又进一步强化了它的独特性和价值创造性。

当然，盈利模式的难以模仿性是指其在短期内很难进行机械性的模仿。从长期视角来看，任何一个盈利模式都有被模仿的可能。只不过这种模仿不是机械性的模仿，既有可能是改进式的模仿，也有可能是进化式或超越式的模仿。一旦企业的盈利模式已经被其他企业或者可能被其他企业进行改进式或超越式模仿时，就要求企业要对自身既有的盈利模式进行变革或创新，在变革或创新中实现盈利模式的进化或重构。

七、创新性与进化性

任何一个行业中的企业组织，不能被既有盈利模式僵化，变得故步自封、保守而不思进取。同时，企业的僵化和保守，也可能使企业既有的盈利模式过时或陈旧。任何一个企业的盈利模式必须随人类生产和生活的大环境、企业生产经营的小环境以及市场竞争状况的变化，不断地进行"创造性的破坏"，不断对既有盈利模式进行变革、创新，甚至重构，使盈利模式在持续的创新或进化中保持其强大的生命力，在"创造性的破坏"中不断获得新生。

第一章
酒店顾客价值分析

第一节　顾客价值含义与相关理论

"顾客价值"在盈利模式诸要素中处于"基础性和决定性"地位，原因是企业盈利模式的其他要素"盈利源、盈利点、盈利杠杆、盈利屏障和盈利家"都是由围绕顾客价值要素而展开的。

美国服务大师阿尔布莱特（Albright）指出，企业成立的宗旨在于赚取利润，质量不是目标（仅是吸引顾客的手段），服务也不是目标，顾客价值才是目标（徐楠、廖成林，2011）。因此，酒店盈利模式设计与创新的首要环节就是酒店顾客价值分析。

对顾客价值（Customer Value，CV）的研究开始于20世纪90年代。不同的研究者从不同角度出发，对于顾客价值的看法不尽相同，并且形成了以下几种具有代表性的理论：

一、菲利普·科特勒（Philip Kolter）顾客让渡价值理论

1984年，营销学权威学者菲利普·科特勒（Philip Kotler）就提出了顾

客让渡价值（Customer Delivered Value，CDV）的概念。菲利普·科特勒（2005）认为："在一定的搜寻成本和有限的知识、灵活性和收入等因素的限定下，顾客是价值最大化的追求者。他们形成一种价值期望，并根据它而采取行动。他们会了解供应品是否符合他们的期望价值，这将影响他们的满意和再购买的可能性。"

科特勒所说的让渡价值，指顾客总价值与顾客总成本两者之差。顾客总价值（Total Customer Value）指顾客为购买和消费一件产品或服务所获得的一系列利益，它包括产品价值、服务价值、人员价值和形象价值等。顾客总成本（Total Customer Cost）指顾客为购买一件产品或服务所耗费的时间、精神、体力以及所支付的货币资金等，顾客总成本包括货币成本、时间成本、精神成本和体力成本。

根据科特勒的观点，顾客在购买产品时，总希望把顾客总价值，包括产品价值、服务价值、人员价值和形象价值等提到最高限度。同时，顾客总希望把顾客总成本，包括货币成本、时间成本、精神成本和体力成本等降到最低限度。这样，顾客就可以使自己的需要得到最大限度的满足，实现顾客让渡价值的最大化。因此，顾客在选购产品时，往往从价值与成本两个方面进行比较分析，从中选择价值最高、成本最低的产品，即以顾客让渡价值最大的产品作为优先选购的对象。科特勒认为，企业可以通过两种途径来提高顾客让渡价值：一种途径是增加顾客总价值；另一种途径是减少顾客总成本。

科特勒给出顾客总成本的定义，并细划了顾客总成本的构成，这是对顾客价值研究的重大贡献。同时，他将顾客让渡价值划分为正向调整的总顾客价值和负向调整的总顾客成本，为企业提高顾客价值和设计盈利模式提供了一种逻辑非常清晰的思路。

二、迈克尔·波特（Michael E. Porter）的买方价值理论

1985年，美国著名战略管理专家迈克尔·波特（Michael E. Porter）在其《竞争优势》一书中，从竞争优势的角度，提出了买方价值理论。迈克尔·波特（2005）认为，"竞争优势归根结底来源于企业为客户创造的超过其成本的价值。价值是客户愿意支付的价钱，而超额价值产生于以低于对手的价格提供同等的效益，或者所提供的独特的效益能补偿高价而有余"，并认为"一个企业通过两种机制为买方创造他们需要的价值，这种价值是一种合理的溢价（或者是在一种相同价格上的优惠）：降低买方成本，提高买方的效益"。其中，买方成本"不仅包括财务成本，还包括时间或方便的成本"。

同时，迈克尔·波特还将买方的购买标准分为两种类型：一种是使用标准，源于企业影响实际买方价值的方式，包括产品质量、产品特性、交货时间和应用工程支持等因素；另一种是信号标准，它产生于买方推测或判断企业的实际价值所使用的方法，包括广告、设备的吸引力和信誉等因素。使用标准是衡量究竟什么是创造买方价值的具体尺度，信号标准是衡量买方怎样认识实际价值的价值尺度。

迈克尔·波特的买方价值理论突破了买方成本只是财务成本概念，引入了时间、方便等因素，而且使用标准与信号标准来衡量顾客价值，这在一定程度上揭示出顾客价值的构成及衡量。

但是，在企业和顾客之间，迈克尔·波特作为一个战略管理专家，更倾向于从企业角度对顾客价值进行认识与判断；而且就企业为顾客价值创造而言，迈克尔·波特只将实际价值与之关联，而信号标准则仅仅作为顾客对实际价值的认识、推测及判断的线索，没有认识到信息标准同样可以成为顾客价值。这同后来研究顾客价值的理论界对顾客价值的根本性认识（即企业应该站在顾客的角度来看待产品和服务的价值）与顾客价值的关

酒店盈利模式

系特性（关系过程创造价值）存在不小的差距。

三、载瑟摩尔（Zaithamal V. A.）的顾客感知价值理论

1988 年，服务专家载瑟摩尔（Zaithamal，1988）提出了顾客感知价值的概念。载瑟摩尔认为，在企业为顾客设计、创造、提供价值时应该从顾客导向出发，把顾客对价值的感知作为决定因素。顾客价值是由顾客决定而不是由供应企业决定的。载瑟摩尔认为：

1. 价值就是低廉的价格

一些顾客将价值等同于低廉的价格，表明在其价值感受中所要付出的货币是最重要的。

2. 价值就是顾客希望从产品中获取的东西

与关注付出的金钱不同，一些顾客将把从服务或产品中所得到的利益看作最重要的价值因素。这实际和经济学中对效用的定义一样，是对从消费产品中获得满意程度的主观衡量。

3. 价值就是顾客支付货币所买回的质量

有的顾客将价值理解为"付出的金钱"与获得的"质量"之间的权衡。

4. 价值就是顾客的全部付出所能得到的全部

一些顾客描述价值时考虑的既有其付出的因素（时间、金钱、努力），还有其得到的利益。

在以后的相关研究中，载瑟摩尔等（1990）又进一步把顾客价值概括为，顾客价值实际上是顾客感知价值（Customer Perceived Value），即顾客价值是在顾客权衡获取产品或服务所感知的收益（Perceived Benefits）和所付出的成本（Perceived Sacrifices）后，对产品或服务效用的总体评价，其核心是感知利益与感知付出之间的权衡。

载瑟摩尔的顾客感知价值理论首次明确、完全地站在顾客角度，从顾客的感知角度来认识和评价企业产品和服务为顾客所创造的价值，开创了

基于顾客感知的顾客价值理论，即顾客感知价值理论，在顾客价值研究上具有里程碑式的意义，同时该观点也是盈利模式理论中对顾客价值的基本观点。

四、盖尔（Gale）的产品质量顾客价值感知理论

盖尔（Gale，1994）从质量管理的角度出发，将顾客价值定义为"顾客相对于产品价格而获得的市场感知质量"。此定义将顾客价值与产品质量联系起来，认为顾客价值就是获得高质量的产品，尽管此定义对于顾客价值的理解尚停留在表面层次，仅将顾客对产品或服务价值的感知与质量联系起来，但是它开辟了一个从产品质量角度认识顾客价值的新视角。后来，盖尔将顾客价值理论的演化发展归纳为一个模型（牛士龙，2011），见图 3-1。

图 3-1　盖尔的产品质量顾客价值感知模型 [①]

五、格鲁洛斯（Gornroos C.）的顾客价值过程关系理论

从 1994 年开始，美国服务市场营销学专家格鲁洛斯（Gornroos，1994）从关系营销的角度出发，对顾客价值进行论述与研究。他认为，顾客感知价值是建立在企业提供物的核心价值之上，以关系作为额外要素所形成的附加价值，对其作正向或者负向调整的结果。由于关系是一个长期的过程，因此顾客价值是在一个较长的时间内产生与形成的。格鲁洛斯将此过程称为价值过程。

格鲁洛斯认为，将顾客感知价值定义为顾客根据付出了什么和得到了

---

① 牛士龙. 顾客价值研究评述及其展望［J］. 市场研究，2011（5）：38-40.

什么的感知而对产品的效用做出总的评价，这种看法没有考虑到提供物在关系方面的因素。实际上，关系本身对总的感知价值可能有重要影响。这种认识对关系营销的生产和发展产生了显著的支持与推动作用。关系营销就是使顾客能够感知和欣赏到与企业保持持续关系中所创造的价值。

只有使顾客感知和欣赏到持续关系中所创造的价值，才能形成长期稳定的顾客价值。关系营销可以为顾客和其他各方创造出比单纯的交易营销更大的价值。在紧密的关系中，顾客可能会将重点从独立的提供物转向作为整体的关系。如果关系被认为有足够价值的话，即使企业产品或服务不是最好的，参与交换的各方仍然可能会达成协议。

格鲁洛斯认为，在关系范畴中，提供物同时包含核心产品和各种类型的附加服务。代价包括价格和某方处于关系中而发生的额外成本，这称为关系成本。因此，考察顾客价值的方法是区分提供物的核心价值与关系作为额外要素的附加价值。

价格是个短期概念，原则上在核心产品送货时交付。顾客感知价值则是随着时间发展的。同时，关系成本也是随着关系的发展发生的，而且边际成本呈递减趋势。核心产品和附加服务的效用也是在关系的发展过程中体现出来的。附加价值同样随着关系的发展而显现出来。

他进一步总结道，成功的关系营销战略要求在关系营销计划过程中同时考虑三个过程及其相互影响，即作为关系营销核心的交互过程、支持关系建立和发展的对话过程、作为关系营销起点和终点的价值过程。同时，提出三个过程的关系：交互过程是关系营销的核心，对话过程是关系营销的沟通侧面，价值过程则是关系营销的结果。顾客关系价值过程理论是酒店盈利模式中创建顾客满意和忠诚盈利屏障的理论基础和重要举措。

六、安德桑（Anderson）和纳鲁斯（Narus）的顾客价值竞争导向理论

1995 年，安德桑和纳鲁斯在科特勒的基础上进一步提出顾客价值是顾客从购买产品中获得价值与所要付出的所有成本的"净利益"（陶洋、海龙，2009）。

顾客之所以能够通过顾客感知价值来选择本企业满意的产品或服务，是由于竞争者的存在。当顾客从本企业产品中获得"净利益"比从竞争企业的产品中获得的"净利益"大的时候，顾客就会购买本企业产品并从中获得满意。

将竞争对手创造的顾客价值引入顾客价值理论，将本企业提供的顾客价值与竞争对手的顾客价值相比较，强调顾客价值是个相对概念，是顾客价值竞争导向理论的主要贡献。顾客价值竞争导向理论将本企业提供的顾客价值与竞争对手的顾客价值相比较，从而更加完善了顾客感知价值的理论，启示在进行盈利模式设计时，需要引进竞争观念，随着市场竞争的发展不断改进自身的盈利模式。

七、霍尔布鲁克（Holbrook）顾客价值体验理论

霍尔布鲁克（Holbrook，1996）从体验角度研究顾客价值，认为顾客价值包括以下四个部分：体验、娱乐、表现欲和传递娱乐。霍尔布鲁克对顾客价值的定义具体包括了以下几个方面：

第一，顾客价值是由消费者个人偏好决定的。

第二，顾客价值是相互作用的产物，包括顾客与体验过程中接触的各种事物之间的相互影响。

第三，顾客价值是一个相对的概念，这种相对性具体表现在顾客主观因素以及顾客体验情景上的相对性，不同顾客感受到的顾客价值是不一样

的，就算是同一个顾客，在不同的体验情景下，他所感受到的顾客价值也是不一样的。

第四，顾客价值是消费过程中的体验，消费者购买行为是体验的过程，其中产品或服务的购买、产品或服务的消费都离不开体验，在整个体验过程中，消费者对价值的感知是会变化的。

霍尔布鲁克在研究中对功能型和体验型消费之间的不同之处做了详细的描述，并将两者区分开来，他将顾客价值看成是一种相互影响的相对偏好的体验。该研究被公认为是体验型消费领域的奠基之作，被广泛运用到服务行业的顾客价值研究当中。酒店企业产品是一种以顾客体验为主的产品，在盈利模式的设计与创新中，要特别重视顾客体验，将其作为盈利模式设计与创新中的一个重要考虑因素。

八、伍德鲁夫（Woodurff）顾客价值情境层次论

伍德鲁夫（Woodurff，1997）认为，顾客价值是顾客在特定的使用环境下对产品的属性、产品的功效，以及有助于或有碍于其目的和意图实现的产品使用结果的感知和评价。他强调，不同情景下，顾客对价值的认识是不同的，情景对顾客价值的形成具有重大影响。

同时，基于信息处理的认知逻辑，并运用"途径—目的链"（MEC：Means-End Chain）方法构建顾客价值层次模型。他将顾客价值分成三个层次：一是属性层，这是顾客价值最基础的层次，是顾客对产品属性和性能最初的预期，也是顾客在购买产品时，最先考虑的因素；二是结果层，是指在购买和使用产品时顾客依据属性层所描述的产品属性，判断其是否满足自身预期结果；三是目的层，是指顾客对其目标的实现能力形成的期望。

总结以上理论观点，同时结合酒店作为以提供住宿服务产品为主的特点，顾客价值更准确的理解应是，在特定的场景与环境下，顾客在对酒店

产品和服务的使用和消费过程中产生的感知价值。

在顾客还没有使用和消费产品和服务之前，顾客实际已经形成对酒店产品和服务的价值需求和期望，即产生的对酒店产品或服务的价值需求。对于酒店盈利模式设计与创新来说，预测和满足顾客的价值需求就构成了酒店盈利模式设计与创新的核心内容。

第二节　顾客价值构成相关观点

目前对顾客价值构成的研究主要集中于工商企业领域。这些研究领域，不同学者对顾客价值的构成同样存在不同观点，主要包括双维度构成观、三维度构成观和四维度构成观。

一、双维度构成观

双维度构成观又可以细分为载瑟摩尔的双维度构成观、菲利普·科特勒的双维度构成观、巴宾（Babin）等的双维度构成观。

1. 载瑟摩尔的双维度构成观

在载瑟摩尔（1988）看来，顾客价值是顾客"感知利得"与"感知利失"的权衡，顾客价值是顾客通过对所感知的质量与所感知的价格进行权衡的结果。

2. 菲利普·科特勒的双维度构成观

菲利普·科特勒（2005）则认为，顾客让渡价值是顾客总价值和顾客总成本之差。顾客总成本（Total Customer Cost，TCC）是指顾客在购买某产品或服务的过程中所付出的时间、金钱、体力等全部代价。顾客总价值（Total Customer Value，TCV）指顾客通过对某产品或服务的消费而获得的全部利益。

3. 巴宾（Babin）等的双维度构成观

巴宾、达登和格里芬（Babin、Darden、Griffin，1994）认为顾客价值主要由以下两个维度组成：

（1）功利价值。功利价值是指顾客在消费过程中获得的功能性的满足。对于顾客价值的研究，在解释顾客感受服务经验的价值时，最直接的解释方式即顾客可以由服务获得直接的经济性利益。功利性价值与享乐性价值最大的不同，在于功利性价值往往将顾客的购物行为视为不得不完成的任务。

（2）享乐价值。享乐价值是指顾客在消费过程中获得的心理上的满足。巴宾等认为，过去关于顾客价值的研究，着重在将逛街购物视为一种工作，只看到其中的"黑暗面"。但事实上，顾客除了可以将购物行为的结果提升为购买决策之外，还可以在购物行为的过程中获得满足，也就是说，顾客购物行为活动本身具有快乐性的价值，逛街购物活动本身还存在有趣的一面未被讨论。

二、三维度构成观

帕克、贾霍斯基和麦金尼斯（Park、Jaworski、MacInnis，1986）提出消费者的需求有以下三种需求类型，这三种需求有助于分类与测量顾客价值：

1. 功能性需求

消费者对某种特定事物产生兴趣，希望获得解决的需求。

2. 体验性需求

对感官愉悦、多样性及感官刺激的需求。

3. 象征性需求

对产品的渴望可以满足消费者对于自我提升、角色地位、群体归属、自我实现等内在产生的需求。

三、四维度构成观

斯威尼和苏塔（Sweeney、Soutar，2001）提出了感知价值（Perceived Value）模型，该感知价值模型将顾客价值分为四个维度：

1. 功能性质量价值

功能性质量价值强调的是顾客对所购产品的质量或者效用的感知。

2. 功能性价格价值

功能性价格价值主要强调顾客对购买成本的感知。

3. 情绪价值

情绪价值主要指顾客所购买的产品给顾客情感方面带来的利益。

4. 社会价值

社会价值是指顾客的社会自我认知对消费该产品的影响。

就该感知价值模型中各维度的本质来看，功能性质量价值和功能性价格价值合并成功能价值，实际上也是将顾客价值分为三类：功能价值、情绪价值和社会价值。

四、五维度构成观

希斯、纽曼和格罗斯（Sheth、Newman、Gross，1991）提出，顾客的购买行为主要受以下五个方面的影响，并由此构成了顾客价值的五个维度：

1. 功能价值

消费者对产品或服务在功能性、实用性与执行绩效等方面的感知，功能价值可由消费者对产品或服务在功能特性上的感知来加以衡量。

2. 社会价值

消费者在决定是否要购买一项产品或服务时，社会大众及周围群体对此产品或服务的看法及口碑等因素对消费者购买行为的影响。因此，社会价值乃是衡量消费者对产品或服务在社会形象上的感知。

3. 情绪价值

消费者在购买此产品或服务时，个人情绪上或情感上的感知，情绪价值主要可由消费者对产品或服务在消费心情上的感受来予以衡量。

4. 知识价值

消费者追求新事物、新经验与新知识的消费心态，消费者期望借助购买产品或服务来满足其消费上的好奇心、新奇感与求知欲，此即为消费者对产品或服务在知识价值上的感知。

5. 情景价值

顾客在不同的消费情境下对于产品或服务的价值的评估会有所不同。

第三节　酒店顾客价值构成

酒店作为以出租客房，提供住宿服务为主，并提供商务、会议、休闲、度假、娱乐和康体等相应产品与服务的企业，其顾客价值除了与一般工商企业或服务企业有一定的共性之外，还具有明显的独特性。在此将酒店企业作为一个整体，对其顾客价值构成进行分析。

酒店顾客价值是从顾客价值需求角度出发，对酒店产品和服务为顾客创造价值而提出的内在期望与要求。因而，从顾客价值需求角度出发，酒店顾客价值由以下几方面构成：

一、酒店产品价值

酒店产品价值，又可称酒店功能价值，指顾客对酒店产品的功能、特征和品质等产品属性产生的内在的期望与要求。在酒店企业，因其产品的地理空间依赖性、无形性和特殊性，酒店产品价值多通过酒店硬件设施设备来体现。

酒店顾客产品价值主要由酒店以下硬件设施设备来满足：酒店的地理位置与地段；酒店建设外观与内部装饰；酒店前厅、客房及内部设施设备的规模、档次；酒店餐饮、商务、会议、休闲、娱乐和康体等配套设施的完备性、规模与档次等。

二、酒店服务价值

酒店服务价值指顾客对伴随酒店产品销售而提供的各种服务内在的期望与要求，主要反映顾客对酒店服务项目的期望与要求。

1. 酒店核心服务价值

酒店所提供服务以住宿服务为主要，因此酒店的服务价值以住宿服务价值为主。顾客服务价值需求能否得到满足以及满足程度如何，关键取决于酒店核心服务住宿服务的品质。

2. 酒店配套服务价值

除了提供核心的住宿服务外，还可能提供配套的餐饮、商务、租车、票务、购物、停车场、美容美发、机场接机等服务，以满足众多顾客多样化的价值需求。酒店的配套服务也在一定程度上影响顾客满意程度。这些配套服务价值也成为酒店顾客价值的有机组成部分。

三、酒店人员价值

酒店人员价值指酒店人员的服务态度、服务技能和服务水平等对顾客所产生的价值。

服务态度是酒店服务人员在对酒店工作认识和理解的基础上，对顾客情感和行为的倾向。热情的服务态度是酒店服务人员最基础也是最重要的素质要求。热情的服务态度能够给顾客创造亲切、热情和真诚的感受，给顾客创造不一样的价值。

服务技能是酒店服务人员为顾客提供服务时的技巧与能力。它是酒店服务人员素质的重要组成部分。一般认为，酒店服务人员应具备语言、交往、观察、记忆、应变和营销六方面主要技能。专业规范的服务技能是为顾客提供高品质服务，为顾客创造价值的必备条件。

服务水平是酒店服务人员对顾客需求的满足程度。不同服务水平对顾客价值需求满足程度和为顾客创造价值大小存在非常大的差别。高水平服务是顾客对酒店的希望与内在价值的要求，酒店应在提供与酒店星级水平要求相对应的服务水平基础上，通过周到化、个性化、细节化的服务，为顾客尽可能创造更多的价值。

四、酒店情感价值

酒店情感价值是指顾客在对酒店产品和服务消费过程中期望获得的愉悦、惊喜和感动等情感方面的体验。顾客在对酒店的消费过程中，不仅是对单纯有形产品和无形服务的消费过程，同时还是一个期望获得愉悦情感的体验过程。

如果酒店能够深入分析顾客消费行为和消费心理，不断创新产品和服务，还能够给顾客创造意外的惊喜，加深与顾客的情感联系。另外，酒店如果能"急顾客之所急，想顾客之所想"，通过个性化的服务，帮助顾客解决迫切期望解决的困难，给顾客带来感动，达到"不仅有惊喜，而且很感动"的效果，就更能够满足顾客的潜在价值需求。

五、酒店品牌形象价值

酒店品牌形象价值指顾客通过对酒店及其产品和服务的消费而希望在社会公众获得与酒店品牌与形象相联系的期望与要求。

酒店品牌总是与酒店的产品和服务密切相关的，顾客往往根据酒店品牌来选择购买和消费酒店的产品和服务。酒店形象通常体现在酒店文化、经营思想、管理水平、技术创新、变革能力、市场地位、公共关系、人员的知识水平、业务能力、精神风貌、工作质量、经营作风、服务态度等方面，这些都能够在顾客与酒店的交往过程中，在酒店传递产品或服务的过程中充分展现出来，都能够影响到顾客对酒店的主观感知和整体印象，从而对顾客心理和顾客决策产生深层次的间接影响。换句话说，酒店的品牌与形象也会以一种复杂的过程和方式影响到顾客价值感知，影响顾客心理对酒店价值创造的感知。

六、酒店顾客价值成本

酒店顾客价值成本是顾客为获得酒店所提供的价值而产生的各种支出。酒店顾客价值成本主要包括货币成本和非货币成本。

1. 货币成本

货币成本指顾客购买和消费产品的全过程中所支付的全部货币。

2. 非货币成本

（1）体力成本。体力成本指顾客在购买过程中体力方面的消耗和支出。

（2）时间成本。时间成本指顾客为购买和消费酒店产品所耗费的时间代价。在其他成本一定的情况下，时间成本越低，顾客购买的总成本越小。为给顾客创造更好的价值，酒店应在保证产品和服务质量的情况下，设法降低顾客的时间成本。

（3）精力成本。指顾客在购买和消费酒店产品和服务时所花费在精力方面的消耗与支出。

第四节　酒店顾客价值特征

通过以上对酒店顾客价值的分析，可以发现酒店顾客价值有如下主要特征：

一、个性化

酒店顾客价值作为酒店顾客心理上的期望与感知，带有很强的主观成分。由于酒店顾客在生活经历、生活环境、知识水平、生理年龄、家庭状况和心理状态等方面的不同，不同的酒店顾客对同一酒店产品或服务的感知利得或感知利失的评价与权衡是不同的，因此酒店顾客价值具有鲜明的个性化特点。这样，要求酒店在进行盈利模式的设计与创新时，尽可能考虑酒店顾客个性化的价值需求，通过个性化的产品与服务尽可能满足顾客个性化的价值需求，为酒店赢得更多的收益。

二、情景依赖性

酒店顾客对酒店产品和服务的使用情景对顾客价值的感知发挥着非常重要的作用。在不同的情景下，酒店顾客的个人偏好对价值的评价有显著的差异。例如，在购买决策之前、实际购买过程中和产品使用之后，酒店顾客对价值的评价可能并不相同。因为接触的时间、场所、人员、心情和氛围等都会对顾客的评判产生重大影响。酒店要重视顾客接受产品或服务过程的情景创造，努力提供超出顾客期望的价值。

三、动态性

正因为酒店顾客价值存在个性化特点，所以酒店顾客对酒店产品或服务所感知到的价值有可能会随时改变，酒店顾客购买一件酒店产品的初始动机与刚使用后所确认的价值标准可能不一样。而且，随着时间的推移、外部环境的变化、自身经济条件、自身社会地位等的变化，酒店顾客都会对事物价值的评价标准以及期望进行调整，于是就产生了顾客价值的动态变化。因此，酒店在进行盈利模式的设计与创新时，一定要关注酒店顾客价值的动态变化，随着顾客价值需求的变化及时进行盈利模式各个要素的变革与创新，保证盈利模式与顾客价值的适应性。

四、影响因素多样性

酒店顾客价值是顾客对产品或服务的感知利得与感知利失的综合评判与权衡，酒店产品或者服务的质量、价格、品牌、情境等因素都将对酒店顾客价值产生影响。同时，在不同的环境中，根据酒店顾客的偏好，这些因素将以不同的程度对顾客价值产生影响。酒店要随时关注可能对酒店现有盈利模式产生关键影响的因素的变化，适时对酒店盈利模式进行变革与创新。

第四章
酒店盈利环境

第一节　盈利环境含义及意义

酒店盈利环境指影响和制约酒店盈利活动过程的各种外部和内部因素以及条件的总和。酒店盈利环境涉及的范围很广，包括酒店外部的宏观盈利环境和酒店内部的微观盈利环境。

盈利模式的核心作用是充分利用酒店资源，在满足顾客价值需求的同时为酒店创造足够的利润，支持酒店的生存和发展。但是，顾客价值需求并不是固定不变的，而是受到多种因素的影响而不断发生变化。

在影响顾客价值需求的多种因素中，酒店外部的宏观因素是酒店本身难以控制的因素。如果酒店不能随着外部这些宏观因素的变化而对盈利模式作相应的变革与创新，必然导致酒店盈利模式的陈旧与过时，结果是酒店无法为顾客创造价值，亏损日益加剧，最后甚至引发酒店的破产与倒闭。

因此，盈利模式中的盈利环境主要指那些能够对酒店盈利模式产生根本性影响的外界宏观因素。酒店盈利环境主要由政策法规、经济、科学技术和社会文化四个方面组成。

第二节　政策法规环境

政策法规环境是指影响和制约酒店盈利过程的政策因素和法规因素的总和。政策法规是一系列与酒店盈利有关的国家或地区的法律、规章、条例、规则、方针、指示、命令，以及发展目标、发展规划、发展战略的集合。

国家或地区政策法规的变动与调整，都有可能对酒店及其他企业的盈利与经营活动产生重大影响。对于特定的酒店企业来说，这些影响既可能是积极有利的，也可能是消极不利的。

积极有利的政策法规不仅可能降低酒店的投资或经营成本，提高酒店盈利的规模与水平，而且还可能催生新的酒店盈利模式和发展机会。相反，消极不利的政策法规不仅可能提高酒店的投资或经营成本，而且还可能使酒店的盈利模式变得过时，这时酒店如果不进行盈利模式的变革与创新，就有可能导致酒店经营的困难，甚至破产。

常见的对酒店盈利模式具有影响作用的政策法规主要包括以下内容：

一、土地开发与利用政策法规

酒店建设与经营首先面临的重大问题是选址问题，而对酒店选址具有重大影响的是一个国家或地区土地开发与利用的政策法规。土地开发与利用的政策法规是一个带有很强政治色彩的问题。

一个国家或地区的土地开发与利用政策法规通常会规定哪些地方的土地"是否可以利用"、"应该如何利用"和"应该由谁利用"这些重大事项。

酒店建设必须在政府规定的可开发与可利用的区域内选址。如果酒店能够充分利用国家或地区的土地开发与利用政策法规，占据有利的地段资源，不仅可以节约酒店建设资金投入与运营成本，还可以降低顾客价值成本，给酒店创造潜力巨大的盈利潜力空间。这样，酒店就拥有了基于优势地段资源的竞争优势，酒店也可以形成基于优势地段资源的盈利模式。

相反，如果一个国家的土地开发与利用政策发生变化，有时可能使酒店失去有利的土地资源，这时酒店将不得不进行盈利模式的创新或另迁他处。

二、基础设施与公共设施政策法规

任何酒店项目的建设与运营都离不开基础设施与公共设施的支持与保障。基础设施与公共设施的建设与维护，通常存在由政府机构负责，还是由私营组织负责，或者是由两者合作的问题。因此，基础设施与公共设施政策法规同样是一个带有政治性质的问题。

与酒店建设、运营相关的基础设施与公共设施包括交通系统、供水系统、供电系统、供气系统、通信系统、排污系统以及商业系统等。

酒店在选址过程中，除需要考虑土地开发与利用政策许可因素外，还需要考虑相关区位的基础设施与公共设施，有效地利用相对完善的基础与公共设施，可降低顾客价值成本和酒店运营成本，提高酒店盈利规模与水平，条件具备时甚至可能利用有利的基础设施与公共设施，形成基于这些基础设施与公共设施独特的盈利模式。

三、投融资政策法规

酒店业建设需要大规模的资金投入，而酒店业投资回收期却很长，有时长达8~10年，大量资金投入长期被占用，造成酒店成为一个资金密集型行业。于是，投融资政策法规对于酒店行业整体发展、酒店企业盈利模式都有着非常重要的影响。

投融资政策法规可以细分为投资政策法规和融资政策法规。投资政策法规是对有关投资主体的资格、投资方向和投资规模等所作的政策性、法规性规定。融资政策法规是对有关资金的融资渠道和融资方式等所作的政策性、法规性规定。投融资政策既对酒店投资的方向与空间有着很重大的影响，又对酒店投资的融资渠道和融资成本有重大影响。

历史上较典型的是英国旅游业发展法案。1969 年，英国旅游业发展法案推动了酒店发展激励计划的出台。按照此计划，1971 年 4 月前开工到 1973 年 4 月前竣工的工程都会得到固定设备的补贴和贷款，酒店客房最多会得到 1000 英镑的补贴，几乎是当时修建一间卧房总投资的 1/4。这条法规使当时英国每年新建大约 2000 间客房，酒店的投资较以往增加了 6 倍（郭庆凤，2010）。

四、税收政策法规

税收政策法规是一国的中央政府或地方政府对企业或者个体纳税者在税收方面所作的政策性或法规性规定。不同的国家或地区通常实行不同的税收政策法规，同一国家或地区在不同时期也可能实施不同的税收政策法规。

例如，我国澳门特区对旅游税收的规定：对从事旅游业的个人及团体课征的税收，纳税人是从事旅游服务行业的酒店、餐馆等，计税依据是其开出的票据面值，税率为 5%。在加拿大，还有所谓的国内旅游税，对每位在国内旅游的加拿大人在乘公共交通工具如公交车、火车、飞机时征收一定金额的税。而新加坡也有所谓的"旅游税"，由旅游企业如酒店、餐厅、商店、酒吧等在出售应税项目如房间、毛巾、饮品、食品及出租西装、领带时，代为征收 1% 的附加税（葛夕良，2008）。

税收政策法规在影响国家财政收入的同时，也对旅游企业的盈利能力产生影响。酒店应根据税收法律与政策，调整或创新自身的盈利模式，保持酒店盈利模式同旅游税收法律政策的协调。

五、薪酬福利政策法规

传统上，酒店业既是一个资金密集型行业，又是一个劳动密集型行业，由员工薪酬福利构成的人力成本占据酒店经营成本的很大比例，通常为30%左右。因此，员工薪酬福利对酒店盈利能力与水平产生重大影响，而一个国家或地区的薪酬福利政策法规又对酒店员工的薪酬福利有着重大影响。因此，一个国家或地区的薪酬福利政策法规对酒店企业的盈利模式同样存在重大影响。

近年来，随着我国国民经济的发展和人民生活水平的提高，各地薪酬福利水平也在逐年提高。各地的最低工资标准一方面在一定程度上对该地区员工的薪酬福利水平提供了保障机制，另一方面也从一个侧面反映了近年员工薪酬福利水平的持续提高。以北京地区为例，表4-1反映了北京地区近年最低工资水平及其提高程度。

表4-1　北京地区最低工资及增长幅度表

年份	月最低工资标准（元）	增长幅度（%）
2010	960	—
2011	1160	20.8
2012	1260	8.6
2013	1400	11.7
2014	1560	11.4

目前，我国各地员工的薪酬福利水平总体呈现出持续上升趋势，这在相当大程度上推动了酒店人力成本上升，压缩了酒店的盈利空间，对酒店经营提出了更高的要求，要求酒店要对传统上基于低人力成本的酒店盈利模式进行变革与创新，才能适应现实市场竞争的要求。

六、政府采购与公务消费政策法规

对于那些以政府性支出与消费作为主要市场的酒店来说，政府采购与公务消费政策法规对于这些酒店的经营与盈利具有非常重要的影响。

政府采购与公务消费政策主要是对酒店的政府会议产品、政府接待住宿与餐饮产品、公务差旅产品具有重要的影响。宽松的政府采购与公务消费政策法规会使相关酒店经营顺利并且利润增多；相反紧缩的政府采购与公务消费政策法规会使相关酒店经营困难且利润大幅下降。

七、酒店等级制度

第二次世界大战以后，随着世界经济的持续发展，世界酒店业也呈现出持续发展态势。为了加强对酒店发展的指导与调控，各国政府或者酒店业团体机构依据酒店的建筑、设施设备、清洁卫生、服务质量等标准，将酒店划分为不同的等级，并制订相应的酒店划分等级制度，对酒店企业的经营与服务进行指导与监控。

酒店等级制度有利于明确酒店的市场细分，更好地向顾客和社会展示品牌形象，也有利于酒店业的管理和监督，合理的酒店等级制度对酒店的发展可以起到一定的推动作用。在我国，酒店等级制度是由国家旅游主管部门制订和实施，因此酒店等级制度也成为影响酒店业发展和经营的一种政策法规。

从新中国成立以来中国酒店业的整体发展中，可以清晰地看出政策法规环境对酒店业整体发展和酒店企业盈利模式的影响：[1]

1. 萌芽期（1949~1978 年）

在此期间，基本上不允许私营企业进行酒店投资，同时也不允许民间

---

① 孟庆杰，陈学清，谢中田. 饭店业导论 [M]. 中国旅游出版社，2009：38-33.

资金进入酒店业。当时对酒店投资只能是国有企业或政府机构，资金来源是以财政资金为主，酒店的性质属于行政事业单位。

正是在这种政策法规的影响下，新中国人民政府完成了一批老饭店整顿和改造，如老北京的北京饭店、上海的国际饭店、天津的利顺德大饭店、武汉的璇宫饭店、沈阳的东北饭店、厦门的华侨大厦等，形成了当时中国酒店业的主体。

同时，酒店为承担接待外宾任务，各级政府又投资建立了一批新兴酒店、宾馆，如专为亚洲及太平洋区域和平会议，1951年建成了北京和平宾馆；为接待苏联专家，1953年在北京市、兰州市、大连市和洛阳市等地新建了一批标准较高的宾馆和专家招待所。

在此阶段，这些酒店由政府财政投资建设，性质上属于行政事业单位，财政上实行国家统收统支，实报实销，经营上没有计划与指标。因此，经营收益、投资回报等均不在酒店考虑的范围之内。这些酒店不以盈利为目标，也就谈不上盈利模式，只是由于其在服务目标、服务对象和服务方式上的特殊性，可以说存在一定的服务模式。

当时，这些酒店以为政治服务、为外交服务为目标，以承担接待外宾任务为主体，期望酒店服务能够为加强国际交往，促进中外政治、经济和文化交流，提高我国国际地位和国际声誉做贡献。酒店服务的对象以接待国际友好人士、爱国华侨和国内高级会议为主，酒店经营以重视服务质量、提高工作效率为主旨，酒店管理以倡导主人翁精神、发扬民主作风为特征，基本不讲经济效益，因此也谈不上盈利模式。

除了这些主体酒店，当时社会上还有一些由政府部门或政府单位管理的旅社和招待所。这些旅社和招待所基本上设施陈旧、功能单一、管理落后、服务欠佳，同样不以盈利为目标，也无盈利模式可言。

2. 快速起步发展阶段（1979~1982年）

1978年12月，中国共产党第十一届三中全会召开。这次会议确立了以经济建设为中心，以改革开放政策为主的发展战略。这时，中国的对外政策刚开始实施，全国旅游入境人数就出现激增局面。仅1978年，全国旅游入境人数就高达180万人次，超过以往20年人数总和，1979年又增加到420.4万人次。

旅游入境人数的激增，给中国酒店带来巨大的压力与挑战。此前，以接待国际友好人士、爱国华侨和国内高级会议为主，数量极少的高级酒店远远不能满足激增的入境旅游者的住宿需求。

以北京为例，当时仅有7家涉外酒店，床位5200张，实际达到标准的仅有1000张左右，而且酒店基础设施、服务态度、管理水平与国外的星级水平差距很大。当时的情况是，许多国外旅游者一下飞机，无法安排住宿，而是被拉到景点游览，晚上再到酒店等床位；许多国外旅游者甚至由于等待安排房间，只好在大厅的沙发上过夜。有时，不得不请求中央政府有关领导派出专列将在北京无法安排住宿的外国旅游者送到天津市住宿，甚至出现过请求中央领导批准派出专机，将北京的外国旅游者送到南京市住宿的情况。

在这种情况下，1979年，国务院在北戴河召开办公会议，研究国家投资、利用外资与侨资建设酒店的问题。此次北戴河会议批准在北京市、上海市、广州市、南京市这4个城市，可率先利用侨资，建设6座涉外旅游酒店。

1979年6月，国务院批准了关于利用外资2000多万美元建设北京建国饭店的请示。1979年10月，中国国际旅行社北京分社与美籍华人陈宣远代表的香港中美旅馆发展有限公司正式签订了合作建造和经营建国饭店的合同书。北京建国饭店成为了我国第一家利用外资建设的现代化酒店。

1982年4月，北京建国饭店正式开业，并首次引进境外酒店管理公司——香港半岛管理集团进行经营管理。北京建国饭店的开业与经营，标志着我国大规模利用外资建设酒店的开始。

在宽松的对外投资政策影响下，出现了一大批知名的酒店企业。1983年2月广州白云宾馆开业；1983年12月，北京长城饭店开业（1985年3月由美国喜来登饭店集团管理）；1984年6月，广州中国大酒店开业。到1984年底，我国旅游涉外酒店达到505家，客房76944间，比1980年翻了一番（孟庆杰等，2009）。

在此期间，酒店的顾客和经营方式悄然发生了变化。酒店服务的顾客由以完成政治性的外宾接待任务为主，转变为经营性地接待大量外国旅游者。酒店经营不仅开始追求盈利，而且，还成为当时为国家创汇的主要渠道之一。在此期间，酒店基本形成以接待外国旅游者为主要盈利源，市场供不应求，以积极利用外资为主，承担为国创汇任务，盈利无忧的盈利模式。

3. 高速发展阶段（1984~1993年）

北京建国饭店由于引进了现代化的酒店经营管理理念与管理模式，开业时间不长，就取得了良好的市场声誉和经济效益，受到中央和国务院领导、政府主管部门和整个酒店业的关注。1984年3月，党中央和国务院领导指示，国营酒店应按照北京建国饭店的科学办法管理。

当时，国家旅游局在全国分两批选定102家饭店进行试点。试点内容包括：第一，推行总经理负责制及部门经理逐步负责制；第二，推行岗位责任制，抓好职工培训；第三，推广严格奖惩制度，打破"大锅饭"和"铁饭碗"，调动员工积极性，保证服务质量稳步提高；第四，推行充分利用经济手段，开展多种经营、增收节支，提高经济效益的办法。该试点内容已经涉及现代酒店盈利模式的主要方面，既是对北京建国饭店管理模式的推广，同时也是对其盈利模式的推广。

1985年，我国提出了发展旅游服务基础设施建设，实行"国家、地方、部门、集体、个人一起上，自力更生和利用外资一起上"发展方针，允许国内外各种渠道的资金进入酒店业，充分调动了各个方面投资进入酒店的积极性。

1988 年 8 月 22 日，国家旅游局发布了《中华人民共和国涉外饭店星级标准》。同年，国家旅游局的星级酒店评定工作开始推行。1993 年 9 月，国家旅游局对星级标准进行第一次修改发布，1993 年 10 月正式执行，并由行业标准上升为国家标准《旅游涉外星级的划分与评定》，编号为 GB/T14308—93。酒店星级是国际旅游业的通用语言，酒店星级标准的实施，促使中国酒店业管理和服务水平与国际接轨，促进了中国酒店管理和服务水平的提高。同时，星级标准的实施，促使酒店明确自身顾客的价值需求与定位，为酒店盈利模式的细分提供了外在的压力与内在动力。

国家改革开放政策的继续实施，国际旅游者入境旅游人数的增长，国内人民生活水平的提高和国内居民旅游的兴起，各种有利于旅游业发展政策的实施，在迎来酒店业自身高速增长的同时，中国酒店业的盈利模式也日渐丰富和完善。

1993 年，全国酒店数量增加到 2552 家，客房 38.6 万间，中国酒店业已成为一个规模巨大的产业。同时，酒店围绕顾客市场进行了市场与盈利模式的细分，从需求层次上讲，形成了豪华、高档、中档、中低档等多种档次的酒店盈利模式。从需求类型上讲，形成了观光型、商务型、疗养度假型等多种酒店盈利模式。

4. 回落阶段（1994~1998 年）

前期旅游市场快速扩张和有利的旅游政策支持，在带动了酒店业的规模高速发展与扩张同时，也隐藏了酒店企业经营管理方面存在的问题。1993 年，我国开始进行国民经济结构调整，加上市场的不景气和经营管理方面存在的问题，中国酒店企业的盈利水平逐步下降，1998 年甚至出现了全行业亏损的局面。

面对不利市场局面和严峻的生存挑战，在国家旅游主管部门的引导与支持下，中国酒店企业开始注重节约挖潜，走"集约型发展之路"。1994

年，经国家旅游局批准，成立了我国自己的酒店管理公司，开始注重专业化、集团化的经营管理方式。专业化、集团化、节约挖潜等管理理念与管理方式的形成与实施，体现出中国酒店业不仅关注收入与市场规模对企业盈利的贡献，而且开始关注和实施成本控制、提高效率对企业盈利的贡献，中国酒店业的盈利模式得到进一步的补充与完善。

5. 恢复与快速发展阶段（1999 年至今）

为了使酒店业摆脱困境，国家旅游局对酒店星级标准进行了第二次修订。1998 年 5 月，第二次修订酒店星级标准（GB/T14038—97）正式执行。此次修订后的标准增加了选择项目，酒店可以按实际需要自主选择项目功能类别和服务项目，避免了酒店资源的闲置与浪费，在一定程度上促进了酒店业对产品与服务的自主设计与选择。

2003 年 12 月，第三次修订后的酒店星级标准（GB/T14038—2003）实施，2004 年 7 月全面推广。第三次修订后的酒店星级标准有了两方面显著变化：一是将"旅游涉外饭店"改为"旅游饭店"；二是借鉴国际做法，增设了"白金五星"，作为酒店的最高等级。

2011 年 1 月，第四次修订后的酒店星级标准（GB/T14308—2010）正式执行。第四次修订的强化内容：一是强调核心产品，将客房产品定位为酒店核心产品，突出客房舒适度的要求；二是强调绿色环保，一至五星级饭店均要求制订相应的节能减排方案并付诸实施，取消了对牙膏、牙刷、拖鞋、沐浴液、洗发液等客用品的硬性要求；三是强调软件服务，增强了软件标准评价的客观性，将有关服务流程、清洁卫生、维护保养、管理制度等统一到运营质量评价中；四是强调特色经营。根据此次修改后规定，小型豪华精品饭店也可以申请评定五星级，这对于特色化、个性化酒店的发展起到很大的推动作用，同时丰富了酒店盈利模式设计与创新。

同时，国家放松了对旅游及酒店的国际投融资的限制，在相当大程度上促进了酒店业规模的扩张和盈利模式的多样化。以经济型品牌酒店——

如家为例，2002年6月，携程旅行网与首都旅游集团成立"如家酒店连锁"合资公司。同时，首旅集团下属的原"建国客栈"4家连锁店统一变更为"如家酒店"，成为首批如家酒店连锁直营酒店。2006年10月，如家快捷酒店正式在纳斯达克证券交易所挂牌上市，开盘22美元，高出发行价59.4%，融资1.09亿美元。2007年10月，如家以3.4亿元人民币收购国内经济型连锁酒店排名第八位的"七斗星"100%股权。收购完成后，如家拥有酒店数量超过330家，这也是国内经济型连锁酒店间第一桩大规模收购案。2011年9月，如家酒店集团正式发布旗下高端商务酒店品牌——和颐酒店发展战略：2011年在国内新开设3~4家和颐酒店，如家酒店集团计划未来5年内，将和颐酒店的规模扩大到40~50家。此举标志着如家正式进入中高端商务酒店市场。如家形成"如家酒店"、"莫泰酒店"、"和颐酒店"三大类服务产品，构建起从大众到中高档商旅的品牌服务结构。2014年在全国近300个城市拥有近2000家酒店，并以4.2亿美元的品牌价值入选中国品牌100强，居酒店行业之首。①

在经济型酒店大规模发展的同时，豪华型、高星级酒店也呈现出突破发展。同时，各种精品酒店、主题酒店也大量出现，使中国酒店呈现出多样化的盈利模式，典型的盈利模式在中国酒店业都开始出现。另外，随着近年政府采购与公务消费政策法规日渐收紧，以高端的政务、公务消费群体为目标市场的高端酒店面临着极大压力与挑战，严峻的环境和形势使得这些酒店必须对旧有的盈利模式进行创新型设计，以获得生存与发展。

---

① 百度百科，http://baike.baidu.com/view/1156031.htm。

第三节 经济环境

现代酒店所面临经济环境的总体特征是人类经济已经进入体验经济时代与分享经济时代。体验经济与分享经济已经成为继农业经济、工业经济与服务经济之后的一个新经济时代。

"体验经济"(The Experience Economy)的提出，最早可以追溯到美国学者阿尔温·托夫勒（Alivin Toffler）在 1970 年写的《未来的冲击》一书。阿尔温·托夫勒在 20 世纪 70 年代曾经预言，行业革命的扩展，使得企业提供的独家产品不是粗制滥造的商品，甚至也不是一般性的服务，而是预先安排好了的"体验"，并且首次提出了"体验经济"一词，并且预言服务经济下一步的走向将是体验经济（阿尔温·托夫勒，1985）。"体验经济"概念提出以后，在国际经济理论界引起了广泛的讨论。

约瑟夫·派恩（B. Joseph Pinenll）和詹姆斯·吉尔摩（James H. Gilmore）（2003）在他们合著的《体验经济》一书中全面而深入地分析了体验经济，认为体验经济是企业以服务为舞台、以商品为道具、以消费者为中心，创造能够使消费者参与、值得消费者回忆的活动。在该书中，还列示了体验与产品、商品和服务这四种经济产物的具体区别，见表 4-2。

表 4-2 四大经济特征表

经济产物	初级产品	商品	服务	体验
经济模式	农业	工业	服务	体验
经济功能	采掘提炼	制造	提供	展示
产物的性质	可替换的	有形的	无形的	难忘的
主要特征	自然的	标准化的	客制的	个性化的
供给方式	大批储存	生产后库存	按需求配送	在一段时间内展示

续表

经济产物	初级产品	商品	服务	体验
卖方	交易商	制造商	提供者	展示者
买方	市场	使用者	客户	客人
需求要素	特点	特色	利益	独特的感受

资料来源：约瑟夫·派恩，詹姆斯·吉尔摩. 体验经济时代. 夏业良，鲁炜译. 经济新潮社，2003（37）.

在工业经济时代，整个社会以工业产品的生产为核心，人们关注的重点是产品的质量、技术含量和新产品研发速度。然而，随着经济与技术的发展，技术更新的频繁，以技术发展推进的新产品研发很难吸引消费者的关注，并给顾客留下深刻的印象。为此，各企业纷纷开始系统地拓展与产品的消费、使用相关的服务，希望通过建立高效有序的服务体系，吸引消费者心关注并赢得市场竞争，于是服务经济便取代工业经济。

随着人类经济生活的进一步发展，人们在生存、安全等较低层次需求得到满足以后，必然产生尊重、审美、成就和自我实现等更高层次的需求。我国城市居民的消费统计数字显示，改革开放后，用于表示食物在消费中所占比率的恩格尔系数逐年下降，这表明，我国人民的需求越来越向更高层次发展。消费者不仅需要享受产品或服务本身带来的种种满足感，还需要体验参与的成就感和自我实现感。

同时，随着经济发展和技术进步，消费者需求模式呈现个性化。人们越来越追求那些能够促成自己个性化形象形成，彰显自己与众不同的产品或服务，并且越来越注重通过体验获得个性上的满足。而产品和服务的日益同质化也让企业的传统盈利模式无法满足顾客需要，顾客日益注重依据亲身体验来评判企业提供的产品或者服务。

酒店的顾客体验是以酒店空间为舞台，以顾客参与为关键，以顾客对酒店产品与服务的感知为手段，使顾客获得积极的情感体验，形成记忆难忘的过程。就酒店盈利模式设计来说，酒店在进行盈利点设计时，应充分挖掘酒店盈利源的价值需求，挖掘盈利源所追求的个性化、多样的体验追求，通过合理科学的盈利点设计与创新，满足顾客追求"舒适、尊重、快乐、愉悦、刺激、新鲜、奇特、知识、时尚、审美"等多方面体验需求。

盈利点的体验性设计与创新构成酒店盈利模式设计与创新的一个重要环节。酒店盈利点的设计与创新是围绕顾客舒适、审美、愉悦等方面的体验性价值需求，设计和创新酒店产品与服务的过程。构成酒店产品的酒店建筑物、室内外空间布局、室内外装修装饰、设施设备的配置、酒店服务、酒店环境氛围、酒店的品牌形象等都成为顾客通过消费获得感受与体验的手段与过程。

例如，顾客借助于视觉、听觉、嗅觉、味觉和触觉等多种感知器官，通过参与性消费活动，通过对酒店的建筑物外观、大堂空间与布局、客房的大小与装饰、餐厅的布局、背景音乐、色调与照明等积极感知，在心理上获得舒适、愉悦的情感体验，在内心形成美好而难忘的记忆，最终成为酒店的满意与忠诚顾客。

经济环境中的经济发展因素，对酒店业的投资规模、酒店建设规模、酒店盈利空间、酒店盈利模式也存在显著影响。从长期发展来看，随着人类社会经济发展与进步，酒店投资规模、酒店建设规模、酒店盈利空间普遍呈现出上升趋势，酒店盈利模式也呈现日益丰富趋势。

在经济环境中，经济的周期性变化也会对不同盈利模式的酒店产生不同的影响。在经济发展衰退与低谷期，中高档酒店、豪华酒店的投资和盈利呈现出下降趋势，面临很大经营与盈利压力。相反，中低档酒店、经济型酒店所受影响不大，甚至有可能出现难得的发展机遇。相反，在经济复苏期和繁荣期，中高档酒店、豪华酒店的投资和盈利呈现上升趋势，而中低档酒店、经济型酒店所能分享的经济成果往往不及前者。

另外，从某种意义上讲，当今经济时代，已经由基于展示的体验经济时代进入分享的体验经济时代。在基于展示的体验经济时代，酒店（即产品提供者）核心是从顾客角度出发，设计出各种产品，然后通过各种方式将其展示给顾客，使顾客获得一种独特体验。目前，在有些行业或企业，特别是创意行业或企业，往往是产品提供者（通常是产品设计生产者或者创业者）在率先使用自身产品的过程中，获得了某种独特的体验，进而产品的提供者渴望将这种独特的体验分享给有同样价值需求的人。从这层意义上讲，当今经济正在进入分享经济时代。

在这种分享式体验中，产品提供者（通常是产品设计生产者或者创业者）不再仅仅是产品的单纯提供者，而首先是产品的率先消费者和体验者，他们对产品的品质有着切身的感受，更在意产品的品质。而且，产品的提供者与顾客（即产品的消费者）也不再是单纯的商品买卖关系，而是一种基于共同需求和爱好的朋友式关系。这种朋友式的关系进一步要求产品的提供者要特别注重对产品品质的保证与维护，更容易获取顾客的满意与忠诚。这种分享式体验在创意酒店，如主题酒店、精品酒店中表现得尤为明显。

第四节　科学技术环境

科学技术的飞速发展与广泛应用，在快速提高社会生产力的同时，也对人类生活产生了深刻的影响。

以信息技术、互联网技术、智能技术、移动技术、物联网技术等为代表的每一种现代科学技术的出现，都可能对酒店盈利模式的盈利源、盈利点、盈利杠杆和盈利壁垒等产生重大影响。酒店应随时关注科学技术变化及其发展对酒店盈利模式的影响，积极采取措施，回应现代科学技术发展对酒店经营管理提出的机遇与挑战，持续变革与创新自身盈利模式，推动酒店成长与发展。

就近年现代科学技术发展来看，对酒店盈利模式的影响集中体现在以下几方面：

第一，现代科学技术增加了人们的旅游机会，既扩大了酒店企业的顾客规模，又使顾客的需求向多样化、自主化、便利化发展。

科学技术进步促进社会力的发展，极大地提高了社会生产率，人们工作时间减少，闲暇时间大幅增加，使旅游不再是只有少数人才能享受的奢侈品，而是成为社会大众都有机会进行消费的大众性休闲活动，旅游进入大众化时代。相应地，酒店顾客的整体规模和类型也在日益增加。

科学技术进步日益催生人们旅游活动中多样化的价值需求。适应于人们旅游活动中价值需求的多样化，酒店在以满足人们旅游活动中住宿需求的同时，也需要不断识别并满足人们多样化的价值需求，从而获取更大的盈利可能性。如今酒店从整体上讲，在满足住宿需求的同时，还能满足人们在餐饮、商务、会议、购物、度假、娱乐、康体、上网、社交等多样化的需求。适应于顾客需求的多样化，酒店应紧跟技术进步，积极开拓更多的盈利机会。

现代科学技术的进步，使得人们获得尊重需要与自我实现需要的可能性大大提高。"自我实现"的许多内容可以通过现代技术的支持来实现。这种趋势反映在酒店经营与服务方面，表现为借助现代科学技术，顾客可以自主地实现原先需要酒店员工参与才能实现的服务。

例如，杭州的黄龙饭店与 IBM 公司合作，从 2007 年开始改扩建工程，总投资 10 亿元人民币，项目于 2010 年初完工。针对黄龙饭店的具体需求，IBM 全球信息科技服务部结合了旗下数据中心及智能化集成服务产品线与网络服务产品线的精英力量，为黄龙饭店度身设计了一整套"智慧酒店"解决方案。通过 RFID（射频无线识别技术）的成熟运用，黄龙饭店得以获得对客户更透彻的感知和应答。凭一张特殊的智能卡，VIP 顾客一进入酒店即可被系统自动识别，走到离前台 5 米的距离，服务员就知道是哪位客人来了，并亲切地上前问候；客人可以到专门的柜台，如同在机场自动登机那样自主登记住宿；出了楼层电梯口后，前面的指示牌会根据房号区域亮起，箭头不停地闪动引导；在房间里，不用起身，客人就可以从电视里看到是谁在敲门，想知道附近的景点怎么去，只需一个电话，服务台就会把路线推送到房间的网络打印机，直接给客人打出来（杨霞清，2009）。

科学技术能够使顾客更加便利地自主满足自身需求。例如，目前少数高端酒店引进了智能房控系统。通过智能房控系统，当顾客进入酒店客房后，没有复杂的控制面板和遥控装置，客人通过简洁的智能控制终端（甚至可以用自身的智能手机），实现对窗帘、灯光、空调和音乐的控制，免除了对各种按键辨认和选择的烦恼。其中"场景"服务最具特色，比如，选择温馨模式，可以自动获取温馨的灯光和音乐，选择睡眠模式，可以实现自动关闭所有灯光和电视等设备。

第二，现代科学技术还可为酒店创新产品提供更大的可能，使酒店拥有更多的盈利点。

"智慧酒店"解决方案中的另一项创新则使黄龙饭店为全球旅行者解决了后顾之忧，使其随时随地都可享受与外界畅通无阻的沟通体验。通常，如果没有当地的手机，因漫游和制式的限制，国外的通信问题很难解决，而入住黄龙饭店的外国客人将再也不必为此担心。

黄龙饭店每个房间的电话分机都具备手机系统的特性，客人不但可以手持移动终端在酒店内使用，甚至还能通行于杭州市区或是漫游到其他城市；同时，电话费用会直接记录到客人的客房账单，在出店时可以一站式轻松结算。

这个通信解决方案看似简单，却需要经过复杂的技术整合，必须将交换机技术、无线技术、网络技术、手持 PDA 技术、电信运营商的 GPRS

技术、GSM 绑定，将计费系统和 IBM 智能化酒店系统完全整合起来，最终实现客房电话的移动功能与结账一体化。同时，利用该智能系统，顾客还可以通过客房媒体终端，自主点餐下单，酒店送餐进房（杨霞清，2009）。这样，酒店在更好满足顾客需求的同时，也为酒店创造了更多的盈利机会。

第三，现代科学技术还可以为酒店提高效率、低成本地提供更多的选择，使酒店能够持续创新酒店盈利杠杆。

酒店利用现代智能节能技术，可以有效降低能源消费成本，提高酒店盈利空间。例如，位于珠海市中心的凯迪克酒店，是中国第一家实施整体节能技改的绿色饭店，对于前来消费的顾客来说，这家四星级酒店环境优美，生活设施配套齐全，和其他同级酒店并没有区别。但其实，从每个顾客进入酒店起，所有的活动数据都记录在一个监测平台上，这便是这家酒店除保安系统外，全年不间断工作的一个监测系统——能源监测系统。能源监测系统在该酒店的节能工作中发挥了重要作用。这个系统由多个能耗计量仪表组成，并整理汇总成科学的数据，对酒店的能耗情况一清二楚，可随时根据酒店内的环境需要进行调整。酒店的能源使用效率，从客人进入酒店开始计算，精准到了每一个房间的用户，每一个到访客人的能源使用情况。经过节能改造，该酒店所有系统都处在最优的运行状态：电梯里的灯只有在感应到了物体活动才开始工作；酒店照明换上高效的节能灯；客人洗澡用的热水应用来自太阳能或地下温泉的热量转化；酒店利用了空气源热泵、水源热泵、超导音频技术进行供冷或供暖；大部分电是在夜晚低谷电价时候的储蓄用电；厨房和洗衣房均采用高效的生物质洁燃锅炉设备，并全部利用清洁能源（尤聚霞，2009）。

酒店利用现代信息技术，通过基于现代信息技术的集中采购平台，在有效地保证采购物品品质的前提下，扩大采购规模、提高采购效率和降低采购成本，提高酒店盈利空间。例如上海锦江酒店，从 2007 年开始创建电子供应链的采购平台，不断地根据锦江集中采购的需求，进行软件开发。通过采购平台网页可以了解锦江采购的品种，有价格、规格和产品介绍等。平台采购的品种有 2600 多个，有 10 多大类，包括针棉类、纸张类、电器类、一次性用品类、食品类、酒类、饮料类等，内部潜在的供应商里还有五六十家。平台采购量从 1997 年开始，600 多万元的采购量到 2010 年达到了 1.6 亿元。通过该集中采购平台，可以把与酒店合作的上家、下家企业串联起来，形成完整的供应链，在保证采购物品品质的同时，扩大了采购规模，提高了供应效率，降低了采购成本，提高了酒店盈利能力（陈国新，2011）。

第四，利用现代科学技术，巩固和创新酒店盈利屏障，维护酒店利润的稳定性与长期性。

利用现代科学技术，高效快捷、大规模地获取顾客对酒店产品与服务的评价，有针对性改进酒店产品与服务，提高顾客满意度与忠诚度，巩固酒店基于顾客满意与忠诚的盈利屏障。

锦江国际酒店集团针对在移动互联网时代，顾客受传统广告影响越来越少，更多受社交媒体或网络评价、他人评价影响趋势，从 2013 年开始，锦江酒店开始了舆情监控系统。该系统会收集来自携程、艺龙、微博等主流平台和媒体上顾客对锦江酒店的评价，进行语义分析和归类。锦江酒店管理公司运营部门相关负责人每天早上醒来的第一件事是通过手机浏览来自系统的舆情报表，了解在第三方互联网渠道上发表的各种评论。当某家酒店出现差评内容，系统会发出预警，负责人通过邮件将评论推送给门店总经理。同时，该系统也会给每个门店的总经理推送有关酒店的好评、中评和差评的顾客评论。该系统已成为门店总经理们的"顺风耳"和"千里眼"，门店总经理会安排人员回复顾客评论或者与顾客联系处理，最后的处理将通过邮件和电话反馈给运营部门。目前，酒店运营部门开始将来自互联网上的评价作为酒店每月绩效的指标，权重占到 30%，与总部对大酒店的服务审计、顾客满意度调查，共同构成对酒店的评价考核系统（钟啸灵，2014）。

第五节　社会文化环境

酒店所在地的社会文化环境同样会对酒店盈利模式产生巨大与深远的影响。社会文化环境是指酒店所处的社会结构、风俗习惯、人们的信仰和价值观念、行为规范、生活方式和文化传统等因素及其形成与变动。对酒店盈利模式产生影响的社会文化环境可进一步细分为社会稳定性因素、人口结构因素和文化因素。

一、社会稳定因素

一个国家或地区的社会稳定性不仅是该国家或地区国民经济发展的重要基础，而且会对该国家或地区的酒店盈利模式产生决定性影响。

一方面，稳定的社会环境有利于国家或地区经济的快速发展，促进居民收入水平的提高，还有机会为居民创造更多的闲暇时间，使本国或本地区居民有更多的旅游机会与能力，从而带来本国或本地旅游业及酒店业的发展。

一个国家或地区社会稳定和经济发展，还可以吸引更多的旅游者和商务人士，进一步带动旅游业和酒店业的发展空间。为酒店创造大规模的顾客市场和盈利源，促进酒店业的规模化发展和盈利源的细分化。

相反，如果一个国家或地区社会不稳定，经济发展将滞后，酒店的盈利源必将出现萎缩。酒店总体顾客市场规模的下降，必然导致酒店企业竞争日趋激烈。酒店企业为了生存通常也需要进行盈利模式的变革与创新。

例如，美国"9·11"事件使得美国2001年的酒店业收入同比下降6.3%，营业额减少46亿美元，美联航和美国航空公司的破产也与"9·11"事件带来的乘客骤减有关。另外，各种抢劫、火灾等事件的发生也会使旅游业和酒店业遭到打击。

另一方面，一个国家或地区的社会稳定状况，还会对游客的总体价值需求产生决定性影响，进而带来酒店盈利模式的调整与变化。如果一个国家或地区社会动荡，经济发展不稳定，游客到该地区旅游时首先关心的是自身人身和财产的安全性问题，安全需求就成为游客的首要价值需求。

在这种不稳定的社会环境之中，酒店在设计盈利点时，就要充分关注游客这方面的安全需要，酒店应配备完善的安全设备与设施，如酒店应装配完善的电子监控设备，客房内装有保险箱、电子门锁，甚至用指纹识别系统，必要时酒店还需要为自身和顾客购买适当的安全保险，降低酒店和顾客由于安全风险事故发生而造成的损失。

相反，一个国家或地区如果社会稳定，经济发展较好，安全需求将不再是游客考虑的首要问题，这时酒店住宿的便捷性、舒适性、新颖性、文化性等多样化高层次的价值需求将成为游客首先考虑的问题。这时酒店就是围绕顾客市场细分、盈利源选择、盈利点设计、盈利杠杆与屏障等多方面进行系统考虑，适时设计或创新盈利模式，满足顾客多样化、高层次的价值需求。

二、人口因素

人口是构成酒店市场的第一位要素。人口数量、年龄结构、性别结构、人口流动性及文化程度等因素会对酒店盈利环境和酒店业竞争者环境产生影响，从而对酒店盈利模式产生影响。

从年龄结构来说，不同年龄的消费者对产品的价值需求不同。酒店应根据不同的年龄需求提供有针对性的产品，发展各种新型的盈利点。例如，美国1946~1964年的"婴儿潮"使得美国酒店业现在60%的客源为一些即将退休、购买力强、身体健康而且受教育程度高的老年人，他们不但要求舒适安全，更需要休闲保健、轻松愉悦的氛围，各种服务式公寓、带SPA的康体型、度假型酒店受到欢迎。

相反，在我国酒店业目前占主导市场的是商务旅行者和会议团体。针对这种消费能力和时间观念强、以商务活动为主、注重品牌形象的顾客源，酒店在盈利模式设计与创新时，同样要从这些价值需求入手，通过完善、高档、品牌形象化的住宿、餐饮、会议、休闲、娱乐和康体产品满足其价值需求。

同时，值得关注的是我国正在进入老龄化社会。中国老年协会和国家民政局公布，从1999年10月起，我国已进入老龄化社会。2010年第六次人口普查主要数据显示，我国大陆地区65岁及以上人口为1.19亿，占总人口的8.87%（廖光萍，2013）。我国老龄人口的增加，经济的快速发展和社会养老、保障制度的日益健全与完善，使得我国老年旅游市场呈现出规模化增长趋势。在上海召开的老年旅游会议上的数据显示，我国有近70%的老年人有出门旅游的愿望，其中17%的老年人经济条件宽裕，希望参加高档次的旅游。由此可见，无论从物质消费还是从精神消费层次上看，老年旅游都成为一个潜力巨大的市场。适应于老年旅游市场，酒店在设计或创新盈利模式时，就需要从老年人特殊的价值需求出发，开发出适宜的产品与服务，赢得老年游客的满意与光顾。

从性别结构来说，不同的社会文化背景，不同的社会经济发展状况都会对旅游决策中占主导的性别产生影响。我国传统上是男性占社会主导地位，因此在旅游决策中，也主要是男性占主导地位。但是，随着我国改革开放后经济和社会的发展，女性的地位显著提高，在部分领域女性已经占据主导地位。

女性地位的提高使她们有了担任管理职位的需求，现在中高层管理岗位女性的数量越来越多，特别是在服务业，女性经理人的比例在显著上升。英国 2003 年 1 月 9 日公布的一项调查结果显示，女性比男性更适合担任职业经理人。该调查结果显示，与男性相比，女性企业家的职业素质有十大优势：坚决果断、耐力持久、善于引导、敢于创新、富有灵感、开放纳新、决策清晰、长于合作、脚踏实地、善解人意（陈雪琼，2003）。同时，在家庭生活领域，女性的决策地位也在显著上升，在旅游决策中，通常男性都会充分尊重女性的意见和建议。

女性社会地位上升和决策主导地位的提升，将会对商务旅游和家庭旅游活动中酒店市场产生影响。女性选择酒店将比男性更加关注细节、情感、文化等因素，对此酒店在进行盈利模式设计和创新时，也需要考虑盈利源市场中女性的决策地位和影响。

另外，其他一些人口因素，如人口数量、受教育程度等，都会对顾客的价值需求和消费行为产生影响，从而对酒店的盈利模式产生影响。

三、文化因素

不同国家、不同地区和不同民族的文化环境深刻影响着人们的行为与态度，包括影响着人们的消费、工作、团队合作等多个方面，进而对企业盈利模式产生重要的影响。

文化是人们的生活方式和认识世界的方式，它是一代代传下来的、由特定群体成员共同形成，并共同遵循的价值观和行为规范。不同国家、不同地区和不同民族有着不同的价值观和行为规范，进而形成不同的消费需求、工作观念和团队合作意识。

我国经过 30 多年的改革开放，同时伴随着当今经济全球化趋势，我国当前文化环境总体特征表现为以中国传统文化为主体，多种文化相互影响和相互融合。

中国传统文化有几千年的形成与发展历史，源远流长，博大精深。中国人在传统文化影响下，形成了自身独特的价值观、思维方式、生活方式和消费观念。同时，近年来受外来文化的影响，中国大城市特别是在沿海经济文化较发达的城市中，正在形成一些有别于中国传统文化的思维方式、生活方式和消费观念。

正确地认识和科学地把握在传统文化和外国文化共同影响和作用下的顾客消费心理、行为方式和价值需求及其变化趋势，对于酒店盈利模式的设计和创新具有非常重要的现实意义。

文化环境因素对酒店顾客价值需求、消费心理和消费方式的影响主要表现在以下几个方面：

第一，传统文化影响下的规范性社会化需求与外来文化影响下的现代个性化需求并存，并且现代个性化需求呈上升趋势。

大多数中国人受中国传统文化影响，特别注重集体意识，自身需求与消费选择往往要受集体需求与消费选择的规范与影响。在进行旅游需求与消费选择时，突出表现为，旅游者往往以社会上大多数人的一般旅游需求和消费行为来规范和约束自己的旅游需求与消费行为。一个人购买和消费什么样的旅游产品往往首先要考虑别人的议论与评价。例如，根据蒂斯（Tse，1996）研究，86.1%的香港学生认为在消费决策时（特别是衣服）容易受到他们所在或者希望融入参照群体的影响，而美国学生所占的比例则是71.3%。另外，43.5%的香港学生愿意通过表现不同来表现自己，美国学生的比例则高达73.6%。

在现代信息技术高度发达的条件下，顾客在进行旅游产品选择时，集中表现为习惯于上各种旅游产品信息推荐网和点评网，倾向于优先选择当前热销的旅游产品，很少有动力主动尝试不被市场熟悉的产品和服务，即很少愿意成为"第一个吃螃蟹者"。

而且，在集体旅游和家庭旅游消费选择时，个人需求受规范性社会化需求影响表现得更为突出。在集体选择旅游产品时，即使旅游者个人非常喜爱某种产品，如果说它不符合集体规范性需求，购买和消费这种旅游产品往往会使人产生"鹤立鸡群"或格格不入的感觉，那么一般旅游者往往会考虑放弃这种购买行为。因此，对于那些以企业组织、旅游团队或家庭旅游为主要盈利源的酒店来说，在进行盈利模式中的盈利点设计与创新时，就应注重考虑规范性社会需求，尽可能将酒店的产品与服务的设计保留在社会整体能够接受或认可的范围之内，从而尽可能符合社会大多数人认可和接受。

与此相反，当前也存在一些旅游人士，特别是受外国文化影响的中青年人士，开始突出个性，追求个性化消费。这些人士勇于接受新事物，敢于尝试挑战，乐于从事一些能够彰显个性，具有冒险性、刺激性的旅游项目。而且，这类人士的比例呈现出快速上升趋势。因此，酒店如果定位于这些人士，试图推出个性化、独特性、新颖性、刺激性的产品或服务，就要着重关注他们的个性化价值需求，设计或创新相应的酒店盈利模式。

第二，传统文化影响下的节俭性价值需求与受外来文化影响下的舒适性价值需求并存，并且舒适性价值需求比例逐渐上升。

崇尚节俭、注重节约一直是中华民族优秀的传统文化。几千年来，中国人民一直崇尚勤俭持家、节俭消费，反对任何形式的铺张与浪费。反映到人们的消费心理与消费行为上就是在花钱、购物方面非常慎重，重视积累，不尚奢华，反对花钱大手大脚、今朝有酒今朝醉的消费观念与消费行为。在日常生活中，在生活开支方面"精打细算"、"细水长流"，在生活用品使用方面，表现为注重商品的实用性和耐用性，力求做到物尽其用，在生活困难时期，甚至产生了"新三年，旧三年，缝缝补补又三年"极度节俭型生活方式。

一般来说，这类节俭型人士在生活中用于购置生活必需品方面开支较多，基本不购买或很少购买享受型的奢侈品或进行奢侈型消费，在从事旅游活动、购买旅游产品或服务这些非生活必需品时，往往也不会排在家庭或个人消费支出的优先地位。即使从事旅游活动，也是选择住宿经济型酒店，以购买经济适用的旅游产品和服务为主。这些消费需求和消费心理在广大普通中老年人身上表现得尤为突出。在为这些人士设计酒店产品与服务时，就要把握这些人士所具有的"经济适用、物超所值"的价值需求特征。

同时，在当今社会上，也开始形成一部分在生活上追求舒适享受的群体。近年来随着人们物质生活水平的提高，同时受外来文化影响，人们在消费方式上价值需求与观念也开始向享受型发展，许多人不仅讲究吃饱、穿暖，更讲究生活的质量，要吃好、穿好、玩好。特别是一些高收入阶层人士，其用于享受消费方面的支出是相当高的，一些高消费旅游活动，诸如海滨度假、豪华酒店住宿、购买奢侈旅游品已经成为其生活中必不可少的组成部分。

因此，酒店在进行盈利模式设计与创新时，要关注目标市场人士的价值需求与消费心理，还要关注其变化趋势，以适宜的盈利模式应对目标顾客价值需求及其变化。

第三，受传统文化影响注重家庭观念性的价值需求与受外来文化影响追求个人体验的价值需求同时并存，并且追求个人体验型价值需求渐成规模并呈上升趋势。

中华民族传统文化一个集中表现是注重家庭观念。受此影响，中国人的家庭观念、家庭责任感明显比西方人突出。传统上，中国人的需求往往以家庭为单位。特别是观光类旅游活动，中国人在选择时往往与整个家庭行为活动相联系，通常以家庭为单位进行，而不单纯是一种个人旅游活动。因此，在以中国人为主的旅游消费市场上，个体的消费价值需求与行为，不仅要考虑旅游者自身的需要，还要顾及整个家庭的消费需求。在这种情况下，酒店在进行盈利模式设计与创新时，就要分注重家庭成员的价值需求，尽量使产品能够适合家里所有成员的需要，特别要以家庭老年人和女主人的需要为主，这样才能获得更好的效果。

另外，近年来受中国经济水平发展和生活水平提高的影响，再加上外来文化的影响，社会上也出现了一些人士，这些人士在进行旅游时，更多关注个人体验，受家庭因素影响较少。比较典型的是社会上正在兴起的个人背包游、个人自驾游、个人探险游等。这些人士的旅游及住宿活动要么以个人活动为单位，要么以有着共同爱好的小团队为单位，旅游需求以满足个人体验为核心，基本不受家庭因素影响。这时，酒店在进行盈利模式设计时，就要更关注旅游者个人的价值需求，而不是家庭性价值需求。

第四，受传统文化影响注重面子的外在形象性价值需求与受外来文化影响注重个人体验的内在实质性价值需求并存，并且注重个人体验的内在实质性价值需求呈上升趋势。

"面子"文化是中国传统文化中一个显著而突出的文化。虽然在各国文化中都或多或少存在面子文化，但是"爱面子"、"要面子"和"怕丢面子"是中国人典型的心理行为和文化现象，并且显著地影响着中国人的生活，特别是对中国大多数普通人的消费需求与消费行为有着更为深刻的影响。

同西方社会个人主义文化占主导地位和人们做事时着重强调个人利益与自我感受不同，中国人更倾向于按照外部或社会规范做事，这样才能维护自己的面子和形象。传统中国人的消费在多数情况下成为维护面子和提升面子的工具。为了实现这一目的，中国人在大多数情况下不得不遵守其所归属社会群体默认的行为规范，选择自己所属的社会群体认可的产品、服务或品牌。有时，为了维护和提升自身形象和社会地位，甚至强迫自己消费或购买自己并不真正了解、并不真正喜欢的产品或服务，或者强迫自己购买超出自己购买力的产品或服务，即俗话讲的"死要面子，活受罪"。

相反，在西方国家，受到个人主义文化的影响，人们更看重个人权利、尊严与成就，期望从个人的奋斗与成功中获得社会的尊重和认可。因此，在旅游产品或服务的选择上，更加偏重于个性的张扬，而不是屈从于社会规范。在旅游产品或服务的消费上，更加看重自身内在的体验、现实感受，而受外在的形象、品牌影响较少。因此，西方人更注重产品的内在实质性价值，主要根据自身体验或喜好购买产品或服务。

当然，随着近年来中国的改革开放与经济发展，中国人在消费时也开始注重自身的感受与想法，这种现象在社会富裕阶层和"80后"、"90后"成长起来的年轻人群体中表现得更为突出。这部分社会群体在选择酒店产品与服务时，受酒店品牌形象的影响较小，对于他们来说，并不是酒店的产品与服务越奢华，酒店品牌形象越高大，就越具有吸引力。相反，他们更关注酒店的产品、服务与自身真实的内在需求是否一致，能够获得实质性的个人享受，这是他们在选择酒店和旅游产品时关注的主要因素。

因此，酒店在进行盈利模式设计与创新时，要充分考虑酒店自身的市场定位与目标顾客群体在文化环境影响下的文化需求，设计或创新相应的盈利模式。酒店在满足顾客文化需求，设计或创新基于文化价值需求的过程中，可以考虑从以下几方面入手：

其一，通过顾客市场进行文化需求分析，确定目标顾客主体（即酒店盈利源）特定的文化需求主旨，如文化价值需求的新颖性、回忆性、童趣性、浪漫性，还有幻想性等主旨。

其二，以确定的文化价值需求为主旨设计酒店的文化主题。在此过程中，由于中国地大物博，历史悠久，民族众多，可供选择的文化主题很多，成功的文化主题设计不仅要传承和发扬传统文化，还要深入地域性文化环境与资源，在传承和发扬传统文化的基础上有所创新与发展，以更好地满足顾客的文化价值需求。

其三，在确定酒店文化主题基础上，合理设计酒店盈利模式的盈利点，即酒店的产品和服务，使文化主题得到充分且合理的体现。

　　具体来说，可以通过在酒店建筑外观与造型、室内设计与装饰、服饰礼仪等方面体现文化主题。以酒店建筑外观与造型为例，传统中式主题酒店的造型与外观可以通过屋顶、梁柱和斗拱等主要结构元素实现；乡村主题可以采用与乡间文化相匹配的建筑形式、材质和色彩等实现。

　　其四，在盈利杠杆与盈利屏障方面，可以通过合理的产品与服务展示向顾客传递文化主题，满足顾客文化价值需求；赢得顾客的满意与忠诚。同时，还可以通过口碑宣传、网络推介和专题报道等营销方式，确立文化主题酒店市场的品牌效应，营造起相应的盈利屏障，确立起市场竞争优势。

　　随着经济的发展、人口的流动，其相关的消费习惯、消费方式、风俗、习惯、审美等也在相互影响、相互渗透，酒店面临的社会文化环境在不断发生变化。同时酒店面临的法律法规环境、经济环境、科学技术环境同样在发生变化。这就要求以酒店盈利为首的酒店经营管理团队，要随时关注酒店盈利环境的变化，准确判断和把握其中机会与挑战，及时对酒店既有盈利模式进行设计与创新，在适应环境顺应趋势的基础上实现酒店长久的生存，持续盈利与发展。

第五章
酒店盈利源

第一节　酒店盈利源含义

　　酒店盈利源是指在目标市场中购买本酒店产品和服务的顾客群，他们是酒店利润最主要的来源。

　　由于顾客价值需求存在多样化、个性化，在市场竞争中，一个酒店试图满足所有顾客多样化、个性化的需求，不仅难以实现，而且还将为此付出高昂的代价。因此，任何一种特定的盈利模式都不可能适用于所有顾客的价值需求，也不可能真正为所有顾客创造价值。

　　这就要求酒店进行盈利源细分，围绕酒店盈利源的价值需求特征，对盈利源的价值需求进行深入细化分析，同时结合酒店资源状况和未来发展战略，选择合适的目标顾客群体，作为酒店盈利模式中的盈利源，尽可能更加有效地为这些顾客提供能够满足其价值需求的产品和服务，同时最大限度地为酒店创造利润。

第二节　酒店盈利源细分

根据分类标准的不同，酒店盈利源可以进行两种不同的细分：一种是基于酒店目标顾客层次的盈利源细分；另一种是基于价值增值的盈利源细分。

一、基于目标顾客层次的盈利源细分

酒店盈利源的细分实际上就是对酒店目标顾客群的细分，参照菲利普·科特勒（2005）在其《营销管理》一书中对企业目标市场的细分，可以对酒店盈利源进行四个层次的细分：

1. 大众化层次盈利源

大众化层次盈利源是酒店对顾客不进行较为详细的细分，而是将市场中所有顾客都看作一个大的盈利源，为市场中所有顾客提供同一种规格的产品和服务。在大众化层次盈利源上，由于酒店只提供单一的产品和服务，因此酒店可以进行大规模、标准化生产与营销，从而降低运营成本，赢得巨大的潜在市场。

但是，当今酒店市场，顾客的价值需求日益分化，个性化的需求日益增多，由此顾客市场已经分裂成为众多小群体，给大众化层次盈利源的生产与营销造成巨大的困难。越来越多的酒店正在放弃大众化层次盈利源，转为细分化层次盈利源。

2. 细分化层次盈利源

细分化层次盈利源是介于大众化与个别化之间的中间群体层。在该层次上，酒店在某一细分层次上，为市场中某些具有相同价值需要和欲望的顾客群提供有针对性的产品和服务。

顾客群细分化同大众化相比，具有以下优势：酒店可以集中有限资源，更好地针对有限的顾客群，提供更好的产品成本和服务；酒店可以选择更有针对性的营销渠道和营销方式，取得更好的营销效果；更容易在细分市场上确立品牌和市场竞争优势，营造竞争屏障，减少竞争对手与压力。

3. 补缺化层次盈利源

补缺化层次盈利源是更狭窄地确定目标顾客群，是把细分化层次盈利源再进行第二次细分。这样补缺化层次的顾客需求更加明确，酒店能够更加有效地满足顾客需求，同时顾客也愿意为最能够满足其需求的酒店支付更高的价格。

当然，酒店在采用盈利源补缺化层次细分时，还要充分考虑该顾客群的市场规模、利润水平和未来成长潜力，考虑其是否与自身资源投入和未来发展目标相匹配。

4. 个别化层次盈利源

个别化层次盈利源是盈利源细分的最后一个层次，是酒店将产品和服务的生产细分到个人，"一对一"的定制化生产；是将产品和服务的营销细分到个人，"一对一"的定制化营销。

与其他盈利源细分化层次相比，个别化层次盈利源是一种彻底的细分，是一种基于顾客个体的细分，这种细分使得酒店能够完全针对某个具体的顾客的个性化需求，全方位地提供个性化、定制化的产品和服务，更能赢得顾客好感、满意和忠诚，能够获得更大的溢价。

当然，由于顾客间个性化需求存在差异性，也为酒店进行个性化层次选择提出了更大的挑战和要求。

二、基于价值增值的盈利源细分

基于价值增值的盈利源细分是酒店在选定目标顾客之后，根据酒店为顾客创造的价值增值和顾客为酒店创造的价值增值的不同，对目标顾客进行的再次细分。

具体来说，酒店为顾客创造的价值增值可以分为高增值、低增值两种。同样，顾客为酒店创造的价值增值，也可以分为高增值、低增值两种。对这两个价值增值维度进行配比，就形成了基于价值增值的盈利源细分模型，如图5-1所示。

图 5-1　基于价值增值的盈利源细分模型

借助于图5-1的基于价值增值的盈利源细分模型，可以将酒店的盈利源划分为以下四种：

1. 核心盈利源

核心盈利源指酒店能够为目标顾客创造高增值，同时目标顾客也能为酒店创造高增值的盈利源。

核心盈利源是酒店最为理想的盈利源类型。酒店与顾客都能够给双方创造高增值，双方都能够获得对方的认可和信任。对于酒店来说，这个盈利源既能够给酒店带来丰厚的利润，还是酒店稳定和忠诚的顾客。对于顾客来说，酒店也是其心目中的理想住宿和消费场所。

对于核心盈利源，酒店已经与顾客建立了相对稳定关系，酒店应充分重视这些目标顾客的价值需求，在保持酒店产品和服务品质相对稳定的基础上，尽可能通过个性化、细节化、情感化的经营与服务，增加顾客的价值感知，从而保证酒店盈利的稳定性和增长性。

2. 风险盈利源

风险盈利源指顾客能够为酒店创造高增值，但酒店却不能为顾客创造高增值的盈利源。

风险盈利源对酒店的价值贡献很高，但是酒店为其创造的价值并不高，实际情况往往是酒店期望为其创造高价值，但是并不为顾客所感知。风险盈利源与酒店关系并不如核心盈利源稳固，很容易受到酒店竞争对手的引诱，转换到酒店竞争对手那里。而且，一旦风险盈利源转换到酒店竞争对手那里，酒店将承受非常大的损失。

对风险盈利源来说，酒店应更加重视其价值需求，通过盈利点（即产品和服务）的设计与创新，更好地满足其价值需求，使其能够感知酒店为其创造的高增值，从而增加其转换成本，减少其转换意愿，降低其转换风险，使其为酒店创造更大的盈利空间。

3. 重要盈利源

重要盈利源是顾客能够感知到酒店为其创造的高增值，尽管顾客能够给酒店创造增值，但是增值水平很低。

酒店大多数的盈利是前面两个盈利源创造的，而重要盈利源对酒店价值增值贡献并不高，但通常他们在酒店顾客数量中所占的比例较大。尽管这部分顾客为酒店创造的价值并不高，但由于共量和所占比例最大，因此他们是酒店成本的主要承担者，一旦这部分盈利源出现问题，酒店的巨额成本将无法回收，很可能导致酒店经营困难甚至亏损。

因此，对重要盈利源来说，酒店应关注其价值需求及其变化，重点是保持酒店产品和服务品质的稳定性，同时可以充分发挥这类盈利源的口碑效应，为酒店带来更多的顾客和市场，提升酒店市场份额。

4. 普通盈利源

普通盈利源指顾客给酒店创造的增值很低，同时酒店给顾客创造的增值也低的盈利源。

对于此类盈利源，首先要对造成顾客感知价值较低的原因进行分析。如果该顾客是新顾客，双方还处于合作初期，顾客对酒店还没有充分的认识和信任，对酒店创造价值的感知很低，同时暂时也无法为酒店创造高增值，这时酒店就应该进一步花费成本，通过产品或服务创新，营销活动或顾客关系管理，提高其对酒店创造价值的感知水平，使其尽可能向风险盈利源甚至核心盈利源转化，从而提升其为酒店盈利和价值创造的贡献水平。

相反，如果该顾客长期无法为酒店创造价值，酒店可以考虑在不影响酒店声誉的前提下，减少对其资源投入和资金占用，甚至将其不再作为目标顾客和盈利源对待，以提升酒店资源与资金的整体运营的效率与效果。

第三节　酒店盈利源价值需求特征要素分析

顾客价值需求包含于人类的一般需要之中，它反映顾客某种生理需要或心理体验的缺乏状态，并且直接表现为顾客对获取以产品或服务为形式的消费对象的要求和欲望。

不同价值需求特征类型的盈利源，有着不同的价值需求，所以要详细分析顾客的价值需求，需要对酒店盈利源的价值需求特征要素进行深入分析。

对酒店盈利源即酒店目标顾客的价值需求特征进行细分时，主要从人文统计因素进行细分。人文统计因素包括性别、年龄（生理期）、家庭类型、收入水平、职业、教育程度、宗教信仰、种族、国家、财富阶层等。

一、性别

顾客性别对于其生理和心理需求具有明显影响。例如，通常女性对于温馨、细致的酒店产品和服务更为偏好。相反，男性对豪华、气派的酒店产品和服务更具偏好。

在实践中，针对女性顾客的特别需求和偏好，酒店市场中已经有一些专门针对女性的女性客房（有的称作女士客房）、女性楼层，甚至女性酒店，将其专门设计为女性所属的空间，禁止男性前往。

案例

山城有了"女性酒店"[1]

"酒店处处为我们女性消费者着想，真有宾至如归的感觉。""五一"期间，来自上海的梁小姐到重庆市住了一回"女性酒店"，感觉不错。

前不久，梁小姐入住的那家名为佳宇英皇的酒店推出了"女性酒店"概念，将部分客房设置为女性专用，房间里摆放鲜花，布置有一些毛茸茸的洋娃娃，衣橱内有柔软舒适的女性专用睡衣、拖鞋等，洗漱间还专门配有保湿霜、洁面乳等女性化妆用品。

房间布置成粉红色的暖色调，DVD播放着舒缓悠扬的音乐，窗外可看到滚滚东流的长江水。梁小姐说，晚上在橘黄色的灯下，捧读酒店在房间内放置的《林徽因画传》，"那种感觉真是妙不可言"。

最先提出女性酒店概念的该酒店公关部副经理认为，随着市场经济的蓬勃发展，越来越多的女性在商业浪潮中不断涌现，她们有着强劲的消费

① 刘文新，郭旭. 山城有了"女性酒店" [N]. 中国消费者报，2006-5-12（5）.

能力和特别的消费需求。此前，经常有女性顾客在该酒店开展商务活动或沙龙聚会，她们往往会提出一些女性特有的要求。

女性酒店的概念也受了"女子银行"、"女性图书馆"、"女性餐厅"、"女性报刊"等以女性群体为特定服务对象的新事物的启发。女性酒店一推出，就受到许多女性客户的欢迎，十多套女性客房一直供不应求。酒店还专门聘请了一名美容师，为入住酒店的女性顾客提供化妆技巧、服饰搭配、社交礼仪等咨询服务。

据了解，该酒店女性客房的价格是 388 元/天，比同等档次酒店客房价格要高 100 元左右。

二、年龄

年龄是影响顾客生理需求和价值需求的一个重要因素。通常可以将年龄分为：0~6 岁（婴幼儿期）、7~11 岁（少年期）、12~17 岁（青少年期）、18~30 岁（中青年期）、31~45 岁（中年期）、45~60 岁（中老年期）、60 岁以上（老年期）。

不同年龄阶段的顾客其需求层次、消费水平、消费方式和消费心理存在较大差别。酒店在设计和创新盈利模式时，应关注自身盈利源的主要年龄阶段。例如，单身青年男女，往往不存在家庭生活负担，在消费时考虑因素较少，外出旅游往往倾向于选择时尚、中高星级酒店。相反，中年有子女的普通家庭，由于存在家庭生活负担，通常比较理性，外出旅游时通常会选择安全、卫生、清洁的经济型酒店。

三、家庭类型及家庭生命周期

1. 家庭类型

家庭类型按照人数可以划分为：1 人家庭、2 人家庭（通常指夫妇双方无子女家庭）、3 人以上家庭（通常指夫妇双方和两个以上青少年或婴幼年子女家庭）。不同的家庭类型，对其价值需求与消费行为也会产生一定影响。

1 人家庭在选择酒店时考虑的因素较少，主要取决于顾客个人的感受，因此消费模式、消费倾向，可能较为随意。

2 人家庭的需求与消费，通常由占主体地位的家庭成员决定，在男性占主导地位的社会中，通常对旅游与酒店产品的选择权掌握在家庭男性成员手中，而在双方地位平等的社会中，往往是由家庭中女性成员决定。

3 人以上家庭中，家庭消费旅游和住宿消费时，通常会主要考虑家庭中青少年或婴幼年子女的因素。

2. 家庭生命周期

家庭生命周期指一个家庭从诞生、发展直至消亡的整个运动过程。家庭生命周期呈现出显著的阶段性，不同阶段在旅游消费方面呈现出不同特征。一个完全的家庭生命周期根据年龄、婚姻和子女的不同，通常可划分为七个阶段。在这七个阶段中，由于家庭经济状况、家庭消费能力和消费决策主体等的不同，呈现不同的消费倾向。

（1）单身阶段。年轻单身，几乎没有任何经济负担，还没有行为稳定的消费模式，因此通常喜欢新潮、时尚、跟风式旅游消费，并且对旅游产品的价格不甚敏感。

（2）恋爱新婚阶段。热恋对象或年轻夫妻，没有子女，收入相对较高，没有家庭负担，消费能力较强，同时往往希望通过消费表达爱意，因此消费缺乏理性，喜欢新鲜、浪漫的旅游产品和服务。

（3）满巢阶段 1。年轻夫妇，有 6 岁以下子女，收入相对稳定，有一定经济负担，旅游闲暇时间少，旅游消费较为不足，主要倾向于消费周末、近郊，以婴幼儿为主要吸引对象的旅游产品或服务。

（4）满巢阶段 2。年轻夫妇，有 6 岁以上未成年子女，收入较高且相对稳定，有对子女教育投资的意向和负担，消费趋向理性，注重选择档次较高、品质较好的旅游产品或服务，特别是对子女具有教育意义的旅游产品或服务。

（5）满巢阶段3。年长夫妇，有已经成年尚未独立成家的子女，子女成年有工作收入，经济条件依然很好，有较强的储蓄倾向，消费非常理性，有充分的旅游闲暇时间，注意旅游消费的品质和经济性。

（6）空巢阶段。年长夫妇，子女离家自立生活。前期收入稳定，后期面临退休收入下降，经济条件依然很好，随着年龄增长，开始注重保健、医疗性消费。同时，尽管其时间较多，通常会由子女进行引导消费，注重旅游的安全性、舒适性。

（7）孤独阶段。单身老人，收入迅速减少，有强烈的孤独感和空虚感，偏好于有情感关联的探亲、访友型旅游产品和服务。

酒店在进行盈利模式设计与创新时，如果目标是家庭消费，一定要充分考虑家庭类型和家庭生命周期。

3. 经济状况和收入水平

收入水平对顾客的需求也存在一定的影响。通常顾客收入水平越高，对酒店产品和服务的期望、需求层次和消费支付能力也越高。

在经济状况较好或收入水平显著上升时，人们会选择时尚型、精品型、主题型或中高档酒店。相反，在经济状况较差或收入水平显著下降时，人们会选择经济型、中低档酒店。

4. 职业

顾客职业也是影响顾客需求的一个因素。常见的顾客职业类型有普通员工、中高级专业技术人员、商务人员、高级行政管理人员、私营企业主、政府公务员、政府官员、自由职业者、学生、失业者、农民、退休人员等。

职业对顾客价值的影响也是显而易见的，普通员工很少到酒店就餐，住宿往往选择小旅店或经济型酒店。商务人员和高级行政管理人员会选择中高档酒店。私营企业主往往会选择豪华型或奢华型酒店。而政府公务员和政府官员的公务消费取决于该国体制和公务消费政策法规。

5. 教育程度

顾客教育程度对顾客价值需求同样存在一定影响。教育程度常见类型包括：文盲、小学、初中、高中、大学、研究生（硕士、博士）。

根据相关调查研究，人们受教育程度对消费观念、消费方式存在显著影响。高学历者（即本科以上学历）在消费时更强调个性消费，与其他人员相比，更注重产品或服务的信誉、质量，对价格因素考虑却较少（张学敏、何酉宁，2006）。

同样，年龄、收入、学历与消费习惯也存在显著的直接相关关系，其中年龄与消费习惯的关系显著度最强。20世纪的中国父母们在消费时相对谨慎，一些人尽管收入丰厚，但仍然花钱谨慎，消费显得极有"计划"。但是，当代许多年轻人却比较会花父母的钱，相对不够理性。

6. 宗教信仰

对于有宗教信仰的社会或群体来说，与宗教信仰有关的文化倾向、行为习惯、习俗禁忌，对价值需求和消费行为有着重要影响。

自古以来，宗教信仰对人类社会各个方面都发挥着十分重要的影响。当今世界仍然有80%的人信仰各种形式的宗教。宗教信仰在现代人类的思想、文化、风俗、政治、军事等领域有广泛的影响，同样对人们的价值需求和消费行为也有着重要的影响。

从酒店盈利模式设计与创新的角度出发，分析顾客的价值需求，特别是对外国人的价值需求还应考虑宗教信仰因素。

宗教信仰对顾客价值需求的影响主要表现在两个方面：一方面，基于宗教信仰的一些禁忌性活动或行为，即按照宗教信仰的要求，顾客不得从事或不得进行的一些活动或消费行为。另一方面，基于宗教信仰的一些鼓励或必须进行的活动或行为。

　　酒店在进行盈利模式设计和创新时，需要考虑目标顾客宗教信仰，一方面要尊重顾客的这些宗教信仰；另一方面还可以依照目标顾客的宗教信仰，建立具有宗教文化特征的主题酒店、主题产品或服务，满足具有宗教信仰或兴趣的顾客的需求。

案例

一座饭店的宗教史①

　　天津利顺德大饭店是一处充满宗教情怀之所，其产生、发展无不体现了宗教对天津乃至中国近代史的贡献，同时也反映了酒店业对宗教元素的珍视。

　　利顺德大饭店罕见地拥有一家精彩的博物馆。利顺德大饭店的创始人就是一位传教士，名字叫殷森德（John Innocent），属于英国圣道堂。"利顺德"三字，原本就是"Innocent"的音译，另外又取孟子"利顺以德"之意。

　　1861 年 5 月 19 日，殷森德抵津，开始其传教与经商生涯，直到 1901 年回国，其间共 40 年，对天津的宗教、教育、近代化有重大影响，跻身中国一流传教士行列。利顺德初创的目的是为了方便传教士和外侨，未想最终成为中国近现代史的重要见证者。

　　1863 年，殷森德承租了英租界的一块土地，建立起简易的英式印度风格平房，专门招待外侨，这就是利顺德饭店。后多次修缮，被誉为远东第一饭店。中丹、中葡、中法、中荷条约在此签订，袁世凯、孙中山、溥仪以及美国总统胡佛、格兰特曾下榻此地，中国第一代电报、电话、电灯、

――――――――
　　① 魏德东. 一座饭店的宗教史 ［N］. 中国民族报，2012–10–16 (6).

电梯、自来水、消防队由此出现，利顺德饭店还是中国铁路、印刷、交通、西医、银行、邮政、煤气乃至近代军队的重要策源地。

利顺德饭店对天津的近代教育有重要贡献。1861年，殷森德来津后不久，就创办了第一所男童学校，1862年创办女童学校。利顺德饭店建成后，借助其利润支持，殷森德先后创办了"盲人学校"、"英中学院"、"西医学院"等。1871年，殷森德开办"天津神职学校"，致力于培养中国的教师和牧师。1887年，利顺德的股东创建"吞纳学院"（Tenney College），后为北洋大学，即今日天津大学的前身。

利顺德饭店很早就体现出社会关怀的一面。1870年天津教案后，英国水兵抵津渐多，其中不乏酗酒滋事者。利顺德的股东因此捐修了一座两层的戒酒楼，取名"规矩堂"，作为水兵健康娱乐的公共活动场所。因其外墙为白色，天津人称其为"小白楼"。楼房已经不存在，但这一地名流传至今。

1949年以后，利顺德大饭店的宗教元素得到新的丰富。1954年，西藏观光团抵津。利顺德饭店作为接待单位建立了诵经室，十四世达赖喇嘛、十世班禅大师都曾来此诵经。1992年，诵经室（现在的423房间）被确定为纪念室，成为饭店内的一间小型藏传佛教堂。2010年，十一世班禅题名"十世班禅大师纪念室"。

第四节　酒店盈利源价值需求细分

盈利源的价值需求细分即是对酒店目标顾客的价值需求进行的细分。本书中所说的价值需求，与传统意义上的顾客需求有所不同。传统意义上的顾客需求，通常指顾客对具体产品和服务的内容和形式的需求。而本书中所说的价值需求是顾客希望通过对具体产品和服务的消费，真正期望获得有价值的利益，撇开了顾客对具体产品和服务的内容和形式的需求，指顾客对酒店产品和服务基于价值意义上的内在的、抽象的需求。

按照不同的理论视角或价值特征，可以进行多维度的顾客需求价值细分：

一、基于需要层次理论的价值需求细分

顾客价值需求细分的理论基础是马斯洛的需要层次理论，它是由美国人本主义心理学家亚伯拉罕·马斯洛（Abraham H. Maslow）在 1943 年提出的。马斯洛把人类与生俱来的多种多样的需要划分为生理、安全、交往、尊重、自我实现等五种类型。马斯洛认为人类的需要是由低到高逐级形成和发展起来的。

顾客需求指顾客针对特定产品或服务具有购买能力的要求和欲望。不仅每一个顾客在不同境况下表现出不同层次的需求与欲望。而且，不同层次的顾客，有着不同的需求与欲望。因此，可以借助马斯洛的需要层次理论，对顾客价值需求进行分析。按照由低到高的层次，酒店顾客的价值需求依次表现如下：

1. 生理需求

生理需求是个人对生存所需要的衣、食、住等基本生活条件的需求。生理需求作为人类最基本的需求，任何一种酒店盈利模式、酒店产品和服务都必须满足顾客最基本的生理需求。

酒店主要提供住宿和餐饮两大产品和服务。休息、睡眠和饮食又是人类的最基本生理需要。因此，酒店要设计和经营好住宿和餐饮两大类产品和服务，满足顾客这些生理方面的需求。在住宿方面，最基本的要求是保持酒店环境和设施设备清洁、卫生、安静、整洁和清新。在餐饮方面，要

保持餐饮产品的卫生、可口和营养均衡。

2. 安全需求

安全需求是指个人对自身人身、财产方面安全的重视，以避免灾难、伤害或损失的需求。人们在日常生活中都有安全心理需求。对于顾客来说，他们离开了自身惯常的生活环境，面对陌生的生活环境，他们安全的需求心理就变得更加突出。

在酒店中，顾客的安全担忧主要表现在卫生安全和财产安全两个方面。酒店餐饮、客房产品的清洁卫生、安静整洁在满足顾客生理需求的同时，也在一定程度上满足了顾客的生理安全方面的需求。

同时，还要求在设计、经营酒店所有产品和服务时，始终把顾客的生理和安全需求放在首位，在顾客的生理和安全需求得到保证的前提下，再寻求满足顾客其他方面的需求。

酒店的基本功能就是提供给顾客一个可以居住和睡眠的空间，满足顾客休息和睡眠的生理需求，这是酒店建设的必要条件，也是酒店业发展的内在原因。同时，干净和舒适的睡眠环境也是顾客所向往的，例如提供一张舒适的床与必要的寝具是一个酒店最基本的服务。因此，以客房为主体的住宿设施设备与服务也就成为酒店最主要的盈利点。

随着人们对自身人身安全和财产安全需求的日益重视，酒店安全设施设备也日益丰富和完善。例如，防盗门、保险柜和防火喷淋等已经成为酒店必备的安全设备设施。

对于一些特殊类型顾客，还有一些更高层次的安全需求。例如，一些政府要员和社会名流，为了避免受到外界的打扰和不必要伤害，对环境安全有更高的要求。为了满足这些高层次的安全需求，高档酒店通常会设置专用的 VIP 通道和贵宾休息室，专设高档客房楼层会采用更为严密的门禁控制系统等。

3. 社会交往与审美需求

社会交往需求，也称社交需要、爱的需求，是指个人渴望得到家庭、朋友、同事、周围人们的关怀和爱护，并通过语言、肢体或其他方式行为与之进行情感沟通与交流的需求。

社会交往需求比生理和安全需求层次更高、更加细微和更加难以把握。社会交往需求与个人性格、经历、生活区域、民族、生活习惯、宗教信仰等都有关系，这种需求难以把握，这就要求酒店要深入观察、思考顾客在这方面的心理价值需求，通过设计恰当的盈利点去满足顾客这方面的心理需求。

根据交往目的与人群不同，在酒店进行的社会交往活动主要分为三种类型：

第一类是休闲性社会交往。这一类社会交往活动通常发生于普通观光度假旅游者之中。并且，这类交往活动往往发生在旅游者休息与观光活动外的闲暇时间，顾客没有特定的功利性目的，主要是为了打发闲暇寂寞时光，或者顺便了解当地的风土人情。这类社会交往对活动的环境与服务没有特别要求，随意性很大。这类顾客最常见的表现是渴望有充分的机会与场所同酒店员工，甚至是酒店其他的顾客进行沟通与交流，表达自己的想法或意见，或者倾诉感情，甚至发发牢骚。

第二类是私务性社会交往。从事这一类社会交往活动的顾客，在酒店进行社会交往活动的目的主要是满足私人生活中的某种功能性目的，如沟通感情、礼节交往等。常见私务性社会交往活动包括家人或好友聚会、私人宴请等。这类社会交往活动的功能性目的，对环境与服务通常会有一些特别要求，有的需要安静、私密的交往空间，有的需要气派、轻松、活泼的环境氛围。

第三类是公务性社会交往。这一类社会交往活动通常发生在酒店的公务顾客之中。这些公务顾客在酒店进行社会交往活动的目的主要是服务于自身公务活动的需要，具有某种明显的功利性目的，如公务宴请、公务公关、公务聚会等。这类社会交往对环境与服务要求更强，要么要求在安静、私密的空间中进行，要么需要豪华、高档的氛围来烘托。

在酒店经营中，酒店根据自身定位，在设计盈利点时，除了餐饮和住宿这两个基本产品外，还要考虑顾客社会交往的类型，考虑有针对性地设计和配置大堂、酒吧、健身房、歌舞厅等场所和设施，使顾客有机会满足自身的社会交往的需求。

在马斯洛需求层次中没有包括，但是在人类社会生活和旅游活动中，还有一种重要需求，这种需求基本上与社会交往需求处于同一层次，就是审美需求。审美需求是人类对美好东西所具有的、天然的爱好与渴求。

在审美需求动机的驱动下，人类产生了审美实践活动，并进行审美判断。人类对美的判断是相对的，既有显著共性，也有强烈个性。共性来自于人性共同的需要，这种本能的需要，往往不受民族、种族和政治等条件的制约。例如，美丽的名山大川，著名的艺术作品，无论何时、何地、何人，均会对其产生基于审美的愉悦。同时，人类的审美也存在个性化差异，这主要受民族、地域文化、政治条件、个人欣赏倾向等因素制约。

在酒店盈利模式的设计与创新中，始终要关注顾客的审美需求，要对选定的盈利源进行审美需求分析，并把相应的审美需求充分体现和落实到盈利点的设计与创新之中，如体现在酒店的外围环境、建筑外观、设施设备、内部空间修饰等的设计与选择之中，满足顾客审美方面的需求。

案例

假日酒店大堂变身社交中心[①]

在酒店的建筑构造中，大堂是人们的必经之地，也是人们最容易交流与互动的地方。以往这一地带多用做餐厅或咖啡吧，除此之外，再无其他的休闲消费功能，酒店客人只能选择在酒店之外进行休闲消费。

Holiday Inn 酒店却改变了这个惯例。在 Continuum 设计公司帮助下，他们发现酒店的住客绝大部分是商务旅客、家庭和小型团队，他们不满足于窝在酒店房间里，而是希望在下榻期间有机会与其他人交流互动。另外，他们希望得到尊重，有抱负，为了更好地生活，希望享受生活的愉悦，有自我的满足感。

假日酒店意识到，他们必须重新考虑客户体验，将大堂变成"社交中心"的想法油然而生。这意味着原先开阔的大堂将被分割成一个个小型的空间，将全新的服务流程和就餐体验结合起来。

这个冒险的尝试开始了，人们在用餐的路上，要穿过一个个被分割的空间，可以看球赛，享受美味的饮料和小吃或全家在游戏室玩一会，原先这些游客必须在外面才能找到的体验在酒店大堂里得以一站式解决。

在顾客的需求被尊重，他们在酒店找到家一般的体验的同时，巨大的商业机会也随之而来。根据 Holiday Inn 美国地区顾客对社交中心的反馈显示：Social Hub 设立后，每个房间的食品销售额增加了 20%，每个房间的饮料销售额增加了 50%，24 小时营业的微型超市销售额增加了 75%，2011 年 12 月，食品饮料的销售收入相较 2010 年同期增加了 248%。

---

① 钱丽娜. 假日酒店大堂就能变身社交中心 [J]. 商学院，2012（6）：29.

4. 尊重需求

尊重需求指个人渴望受到他人注意、重视和赏识的心理需求。在现代社会，尊重需求成为现代人普遍需要的一种重要需求。每一个人都渴望自己能够获得他人的尊重。

在酒店盈利模式的设计和创新过程中，可通过以下途径和方式去满足顾客的尊重需求：①以恰当的方式表达对顾客信仰和习俗的尊重，常见的清真风味的餐厅或餐品，少数民族的装饰与用品，酒店甚至可围绕顾客个性化的信仰和习俗开设主题酒店；②以特别设施设备表达对特殊顾客尊重，如酒店设置残疾人客房、通道和用品等；③高品质、精细化的服务表达对顾客的尊重，酒店员工在客人投诉时，要耐心倾听，少说多听，不要打断客人的讲话，不要辩解和反驳，更不能争吵。酒店员工考虑问题时，尽量站在顾客立场上，表达对顾客的同情与尊重。

5. 自我实现需求

自我实现指个人希望自己越来越成为自身所期望的人物，能够完成与自己能力相匹配的一切事情的心理需求。

马斯洛认为，人在自我实现的创造性过程中，会产生一种所谓的"高峰体验"的情感，这时人处于最激荡人心的时刻，是人存在的最高、最完美、最和谐的状态，这时的人具有一种欣喜若狂、如醉如痴、销魂的感觉。

酒店在设计和创新盈利模式时，应适当考虑顾客自我实现的价值需求，可以适度考虑设计或创新一些有助顾客实现自我实现需求的增值产品或服务。

自我实现需求的满足，往往是和顾客特别的爱好、专长或技能及其实现联系在一起的。每一个顾客的爱好、专长或技能不一样，其自我实现所需要的外部环境或条件也可能不一样。因酒店往往需要通过个性化的产品或服务去帮助顾客，实现自我实现的需求与愿望。

例如，酒店可以利用自身的场所或设施，为有书画专长的顾客举办个人书画展，为有乒乓球、羽毛球、游泳等专长的顾客举办比赛或表演，使顾客有机会和场所展示自身的专长或技能，自身价值得到体现和展示。同时，酒店也可以从中获得较大收益。

马斯洛需求层次理论中的前两种需求，即生理需求和安全需求，主要是一种有形的、物质性需求，酒店需要借助物质资源，通过有形产品来满足顾客。马斯洛需求层次理论后三种需求，即社会交往需求、尊重需求和个人实现需求，主要是一种无形的、精神（或心理）性、情感性的需求，酒店除需要提供必要的物质资源外，更多的是对通过提供无形产品（主要是员工服务）来满足顾客需求。

马斯洛需求层次理论为顾客价值需求细分提供了可供借鉴的理论视角和框架，酒店可以从中分析顾客不同层次的心理价值需求，为酒店盈利点及盈利模式的设计与创新提供了理论基础。

二、基于自发性旅游需求的顾客价值需求细分

酒店主要为顾客提供临时性的住宿产品和服务，顾客对酒店住宿产品和服务的需求是一种派生性需求，即"顾客不是为住酒店而住酒店，而是由其他自发性需求而引发的一种派生性需求，即顾客是为满足其他需求而产生了对酒店的住宿需求"。

顾客对酒店的住宿需求作为一种派生性需求，必然受自发性需求的决定和影响，因此酒店在对盈利源进行需求价值分析时，还有必要基于自发性顾客需求价值进行分析。

引发顾客这种派生性需求的自发性旅游需求活动主要有观光旅游活动、商务旅游活动、会展旅游活动、休闲度假活动、自驾旅游活动等。相应的价值需求细分包括以下内容：

1. 观光旅游活动价值需求

旅游观光活动是旅游者受旅游吸引物（自然风光、文物古迹、民族风情、都市风貌等）吸引，离开惯常居住地，到异地进行的短期旅游活动。旅游者观光旅游的主要目的是欣赏旅游吸引物，在此过程中需要到酒店进行短暂的住宿和餐饮活动。

对于旅游观光活动的顾客，其主要活动是白天观光，空暇或晚上在酒店就餐或休息。因此，从旅游者角度出发，旅游观光活动的酒店通常位于观光点附近或交通便利地段，核心服务是为旅游观光者提供安静、舒适的休息睡眠环境和设施设备，以及方便、快捷的餐饮产品与服务。

2. 商务旅游活动价值需求

商务旅游活动是指商务旅游者以从事商务活动为主要目的，离开自己的惯常居住地，到异地进行的商务旅游活动。商务旅游活动通常包括谈判、会议、展览、科技文化交流等。

对于从事商务旅游活动的顾客，活动的主要目的是顺利完成商务活动，在空暇或晚上在酒店进行就餐或休息，需要酒店尽可能为其顺利完成商务活动提供支持与帮助。

因此，满足商务活动的酒店从旅游者角度出发，通常位于商务活动集中地区或交通便利地段。核心服务除了为商务旅游者提供安静、舒适的休息睡眠环境和设施设备外，还应提供打字、复印、传真、翻译、上网等能够有助于商务旅游者顺利完成商务活动的设施设备与服务。

同时，多数商务旅游者的旅游支出多由所在组织（企业）支付，有些商务旅游者或其所属组织出于自身品牌形象考虑，或者出于有助于顺利完成商务活动的考虑，会对酒店的品牌形象、档次水平有较高的要求。

另外，在商务活动中除了短期旅游商务活动外，还有长期商务旅游活动。对于长期商务旅游者来说，还有一些特别的需求。长期商务旅游者通常会要求居住的酒店具有一定居家功能和服务，例如可以提供居家型会客、洗衣、做饭、娱乐等设施设备与服务。

3. 会展旅游活动价值需求

与酒店相关的会展旅游活动是顾客利用酒店的环境、设施和服务开展的会议、展览会、节事、庆典或相关商务活动。

由于会展旅游活动对空间、时间、设施和服务等较为特殊的要求，因此为了满足会展旅游活动的需求，酒店通常需要配备足够规模和规格的宴会、会议、音响、灯光、同声传译等设施设备或服务。

会展旅游活动作为一种独特旅游活动，还具有一些与一般旅游活动相同的需求和消费特点：①计划性强。会展旅行活动计划性很强，通常还受气候和季节等自然因素影响。②活动集中。会展活动一般集中报到、集中开会、集中就餐、集中娱乐和集中休息等。③消费需求全面。会议客人除了会展、住宿、餐饮等需求，还包括娱乐、购物、观光、游览等需求。④消费水平高。根据相关统计，会议顾客的人均消费要高于普通顾客。⑤单位集体支付。会议顾客的消费支付，多数由所属单位集体支付，消费的档次和内容由单位决定，而不是由顾客个人决定。

另外，多数会展旅游作为特别的商务活动或庆典活动，也会对酒店的品牌形象、档次水平等方面有较高的要求，要求酒店在品牌形象和档次水平上加以考虑。

案例

绿色生态会议·会展场所——北京稻香湖景酒店[①]

北京稻香湖景酒店位于景色优美的海淀区稻香湖自然公园内，清澈的稻香湖水环绕酒店，自然景观与人文建筑完美统一。

---

① 绿色生态会议·会展场所——北京稻香湖景酒店 [J]. 中关村，2010（2）：122–123.

稻香湖景酒店为自然生态型酒店，占地32万平方米，水面面积44944平方米，绿地面积23万平方米，酒店分为五星区、四星区两种规格服务场所。共拥有五星级标准豪华客房291间、四星级标准舒适客房151间；风味各异的餐厅和酒吧备有来自世界各地的精美膳食及饮品；一应俱全的康乐中心；公园内临湖别墅、湖心玛雅小岛、花园式稻香渔园、高级温泉会馆为宾客提供舒适的休闲度假场所。

　　酒店配有一个大宴会厅、28个中小型多功能厅及一个剧院。大宴会厅使用面积1620多平方米，可容纳1000多人的大型会议，大厅可分割为四段，根据要求可任意组合；18个中小型多功能厅均经过悉心设计，格调优雅、风格迥异，并且配备先进的视听设备，可容纳10~300人的商务会议；剧院设施豪华，能提供卓越的影音享受；其中2间贵宾厅拥有独立的卫生间。多功能厅可根据需要摆设圆桌形、教室形、U形、剧院形等多种台形；大宴会厅前廊近800平方米，适于展览、展示活动。稻香湖网球中心2040平方米，适于展览、展示活动。

　　五星区18个中小型会议厅，巨型落地玻璃窗赋予会议室充足的采光，可远眺西山美景，会议的同时享受无限美好风光。剧院设施豪华，共设144个座席，卓越的影音效果为宾客提供高质量的视听享受。剧院可以作为会议、新闻发布会和演出场地等。两间贵宾室设施高档，拥有宽敞的观景阳台及独立卫生间，这里可以作为会议高层领导的休息室或尊贵客人的聚集场所。站在观景台可以呼吸到充满原野幽香的清新空气，远眺西山美景，冬日雪后的西山景色最为迷人，风光绮丽的雪峰屹立眼前，犹如置身于天山脚下。

　　四星区配有10间会议室，可满足30~300人不同会议需要。会议设施齐全，可租用投影仪、笔记本电脑、录像机、VCD机、电视机、录音笔等设施，酒店已成为北京会议客户的首选场所之一。完善的会议设施以及亲切周到的会议服务使大量的"会务组"成了回头客。

稻香湖网球中心总面积 5770 平方米，一层主厅是三个室内网球场，面积达 2350 平方米，净高 12 米，可承接各类大中型展览，如车展、画展、服装展、房展，依照不同行业展览的需要，可进行全方面布展。网球中心一层、二层提供总面积约 2000 平方米的 VIP 休息室、四季厅、会议室、咖啡厅等配套设施。

酒店交通便捷，距机场 45 公里，距市内 30 公里。驾车自北二环的德胜门桥上八达岭高速至北安河出口，沿北清路向西行至稻香湖路往北即到。

4. 休闲度假活动价值需求

休闲度假是以消遣娱乐、康体、休憩疗养、放松身心为主要目的，到某一特定目的地进行的较长时间的旅游活动。

休闲度假活动在我国作为一种正在快速发展的旅游活动，其影响度和市场规模正日益增长。休闲度假活动对酒店位置的要求与观光旅游的差异较大，它不要求酒店位于旅游吸引物（自然风光、文物古迹、民族风情、都市风貌等）周边，但是要求周边具有安静、舒适、清新的自然环境，能够使旅游者放松身心、释放压力、远离喧闹的日常生活。同时，酒店还可能提供一些康体、娱乐、居家生活的设施与服务。

5. 自驾旅游活动价值需求

自驾旅游活动属于自助旅游的一种，是以自驾车为主要交通工具的旅游形式。自驾旅游与传统旅游相比，其突出的特点是自主性和灵活性，即不需要由旅行社安排旅游行程，在旅游目的地的选择、到达与停留时间以及食宿安排上都有很大的自主选择空间。

自驾旅游的自主性和灵活性决定了旅游者对酒店餐饮与住宿产品的便利性、经济性和地理位置选择的有限性。为便利自驾旅游者的旅游活动，服务于自驾旅游者的酒店通常会选择在公路沿线，同时以经济、便利型酒店为主。

第五节　酒店盈利源选择模式

通过对酒店盈利源的细分，可以发现酒店能够且有价值进入的盈利源市场。按照盈利源市场覆盖范围和方式的不同，常见的酒店盈利源选择模式有以下类型：

一、集中单一型

集中单一型盈利源选择模式是酒店在整个盈利源市场中，选择其中一个细分的盈利源作为开拓和开展的目标盈利源，进而酒店可以围绕选择的目标盈利源设计或创新单一的盈利点，满足顾客较小方面的价值需求，进而形成单一产品的盈利模式。例如，在 2008 年以前，如家酒店以单一的经济型住宿产品，开拓并占有了中国经济型酒店市场的相当份额。

二、市场专门化型

市场专门化型盈利源选择模式是酒店在整个盈利源市场中，选择其中一个细分的盈利源作为开拓和发展的目标盈利源，进而酒店可以围绕选择的盈利源设计或创新较完善的盈利点，满足顾客全方位的价值需求，进而形成多方位产品的盈利模式。

例如，世界知名的奢华精品酒店集团——安缦（Aman）酒店集团，选择需求档次最高的奢华型顾客作为盈利源，为其提供高端住宿、餐饮、休闲、商务、度假等全方位的产品服务，满足这些顾客"奢华、低调、小众、私密"的价值需求，开创了极具特点的市场选择专门化盈利模式。

三、全面覆盖型

全面覆盖型盈利源选择模式是在整个酒店市场中，选择用多种盈利点（产品）去满足所有顾客全方位需求。通常知名的大型酒店集团如雅高（Accor）、希尔顿（Hilton）、万豪（Marriott）等都会通过多种品牌战略，以不同档次的品牌和多样化产品，满足顾客多层次、多样化需求。

例如，雅高（Accor）酒店集团，高端豪华型酒店品牌有索菲特（Sofitel），通常位于机场或度假区；中档商务型酒店品牌有诺富特（Novotel），位于交通要道与商业繁华区，中档商务酒店品牌还有美居（Mercure），主要位于城市中心；经济型商务与休闲酒店品牌宜必思（Ibis），至今仍然是欧洲最大的经济型酒店网络；廉价型旅馆有 Hotell（法国）、Formulel（法国以外）。

第六节 酒店盈利源评估

酒店盈利源细分与选择的主要目的是通过这一细分和选择过程，发现和寻找适宜的酒店盈利源。在进行酒店盈利源细分与选择的基础上，然后对所选择盈利源进行评估，最后选择对酒店最具吸引力的盈利源。

一、酒店盈利源评估要素

在评估酒店盈利源时，主要从市场规模、市场成长性、市场盈利性、市场风险性进行考虑。

1. 市场规模

在进行酒店盈利源评估时，需要考虑酒店选择盈利源的市场规模是否与酒店未来的战略选择相一致，是否与酒店优质资源或能力相一致。

不同的酒店盈利源所对应的市场规模通常存在一定差异。例如，从顾客规模上讲，经济型游客所对应的经济型酒店市场和商务型游客所对应的商务型酒店市场，要远大于以高端旅游者为主的会所型酒店市场和以特定旅游者为目标的主题酒店市场。

正如常说的"大市场孕育大企业"、"水深行大船"，市场整体规模的大小在很大程度上决定了酒店未来发展规模的大小。如果酒店未来准备以规模获取竞争优势，就需要以规模足够大的市场作为盈利源。相反，如果酒店未来准备以高品质、独特性而不是规模取胜，就无须将市场规模作为主要考虑因素。

2. 市场成长性

在对酒店盈利源进行评估时，不仅应关注目前整个市场既有规模，还要考虑未来整个市场的成长性。

有的盈利源目前所对应的整个市场规模可能并不大，但是受社会经济、技术和文化等因素发展的影响，未来可能存在巨大的成长空间，巨大的成长空间同样能够给酒店带来更好的发展机会。例如，随着中国经济发展和社会进步，人们的休闲度假时间将日益持续增大，相应的度假型酒店市场在未来将处于持续成长之中。

相反，有的盈利源所对应的整个市场规模可能很大，但是受经济、政策等因素影响，整个市场的成长性有可能很小，甚至呈现出不断萎缩状态。例如，近年来受公务支出和消费政策法规的影响，我国以政务顾客为目标的高档酒店市场持续萎缩，由此造成有些高星级酒店经营困难。如果新开设的酒店再以此目标顾客为盈利源，就不再是明智选择。

3. 市场盈利性

由于不同类型的盈利源收入状况和消费能力存在差距，由此造成不同酒店市场的盈利性存在很大差别。从单个顾客为酒店所带来的盈利讲，高档会所型酒店的盈利性要远远高于经济型酒店的盈利性。

因此，在进行酒店盈利评估时，要对盈利源所对应市场的盈利性与酒店的战略目标、资源优势等多因素进行整体性评估。

4. 市场风险性

不同盈利源所对应的市场风险可能存在很大差异。例如，高档会所型酒店市场、公务消费型酒店市场所包含的风险要远大于一般普通旅游顾客所对应的酒店市场。因此，在进行盈利源市场风险评估时，还要将市场风险作为一个评估要素。

二、酒店盈利源评估的原则

1. 战略一致原则

酒店在选择盈利源时，应与酒店未来的战略发展目标相一致。如果酒店战略目标是以规模支持成长和获取竞争优势，那就应选择规模够大的盈利源市场。相反，如果酒店未来发展是聚焦型战略，酒店就要选择需求特征明确、市场细分具体的盈利源。

2. 资源匹配原则

酒店在选择盈利源时，还需要考虑与酒店目前拥有的资源，特别是优势资源的匹配性。这样，在未来开拓盈利源市场时，就可以发挥资源优势，以较小的资源和时间投入实现盈利源开拓与扩张的目标。

3. 可实现原则

酒店在选择盈利源时，还要考虑酒店的资源与外部条件，如酒店现有人力、物力和财力等，能否支持酒店实现对盈利源的开拓与占有。如果酒店的资源与外部条件不足以支撑对目标盈利源的占领，将使酒店面临很大风险。

4. 风险可承受原则

酒店盈利源的选择，以及对未来盈利源的开拓与占有，都需要酒店投入大量资源，面临各种不确定性与风险。因此，为了保证酒店的生存，酒店一定要将相关的风险控制在自身可以承受的范围之内，避免给酒店带来生存风险。

第六章
酒店盈利点

第一节　酒店盈利点含义与层次

酒店盈利点是酒店向目标顾客群所提供的、能够获得期望盈利的产品，它是酒店顾客价值与酒店企业价值的主要载体。酒店产品指酒店生产的、能够提供给市场、能够满足顾客需要和利益的物质和非物质形态的东西。

酒店是作为一个市场主体向顾客提供服务，因此酒店本身就是一个产品，就是一个盈利点。同时，酒店又是由若干细分的、可以单独向顾客出售的细分部分组成。于是，酒店又是由细分产品组成的产品组合。

参照酒店产品的层次划分，酒店盈利点有以下几个层次：

一、核心盈利点

核心盈利点是指酒店顾客购买某种产品时所追求的基本价值需求和利益，它是酒店顾客真正要购买的东西。

正如美国一位著名的酒店市场营销家指出："饭店行业的真正产品并

不是客房、床铺、食品和饮料，也不是空间。说得确切点，事实上，我们并不推销什么东西，人们也并不是为了购买东西和特性而光顾饭店……消费者购买的是'利益'，而且，每个人只购买那些能够满足其个人或职业上的需要、愿望、要求、希望、抱负和梦想"（钱学军，1999）。酒店产品是由能够给予购买者或使用者某种利益和满足他们的一系列物质特征、服务、象征性特征共同构成的。

酒店的核心盈利点是酒店为顾客提供的最基本的产品，它能够满足顾客在酒店消费过程中最基本的价值需求和利益。对于不同的顾客来说，其最基本的价值需求和利益是不同的。对于追求豪华奢侈型的顾客来说，是不计成本的奢华场面、全方位的舒适享受；对于普通商务客人来说，是完善的商务设施与服务、舒适的办公和生活环境；对于背包游或自驾游客人来说，是安全、便宜、清洁的一夜住宿。

二、形式盈利点

形式盈利点，又可以称可感知盈利点，指酒店为向顾客提供核心盈利点时所借助的有形的或无形的、但可感知的载体。

可感知盈利点在现实市场中呈现的具体形态多种多样，既包括酒店的地理位置、建筑物、周围环境、内部各种服务设施，也包括酒店的建筑设计风格、品牌形象、服务特色等，还包括酒店为满足顾客价值需求而提供的各项服务项目，如前厅服务、客房服务、餐饮服务等。

三、附加盈利点

附加盈利点是酒店伴随形式盈利点的出售，而向顾客提供的各种附加服务和利益的总和。

附加盈利点是酒店为顾客提供的一种额外的超值服务。这种超值服务一方面可以满足顾客更大范围内的价值需求，另一方面还可增加核心产品的价值，为酒店赢得更大收益。另外，通过附加盈利点的设计与经营，使酒店与同类酒店有所不同，为酒店创造差异化竞争优势，赢得更多的顾客与市场。

酒店可以为顾客提供的附加盈利点非常多，并且还有多种档次和规格可供选择。常见的附加盈利点有清洁衣物服务、餐饮预订服务、委托代办服务、客房送餐服务、照看小孩服务、康体服务、休闲娱乐服务、接送机服务，以及向客人赠送生日贺卡与礼物等。

第二节　酒店盈利点构成、特点与分类

一、酒店盈利点构成

酒店作为一个产品组合和盈利点，根据其构成形态，又可以细分为以下有机构成部分：

1. 地理位置与周围环境

酒店地理位置不仅是酒店盈利源的一部分，而且对于未来能否盈利和经营成功有着至关重要的意义，正如"现代商务酒店之父"埃尔斯沃思·密尔顿·斯塔特勒（Ellsworth Milton-Statler）所说，对任何酒店来说，取得成功的三个根本要素是地点、地点，还是地点。

盈利源的选择不同，往往决定着酒店地理位置的不同选择。不同的盈利源有着不同的利益需求，酒店投资者要根据自身所确定的盈利源的价值需求决定酒店的地理位置。

针对观光旅游者的酒店，最好选择在观光景点周围，这样便于观光者的观光旅游活动。针对商务旅游者的酒店，应尽可能选择在城市中心区、城市核心商务区或交通便利地点，这样可以为商务旅游者节约移动的空间成本和宝贵的时间成本。针对休闲度假旅游者的酒店，应选择海滨、山区、温泉、海岛、森林等休闲旅游度假胜地。针对自驾旅游者酒店应选择在主要公路交通道路周边。

酒店地理位置所处的周围环境对酒店的盈利与经营也有着很大的影响。在进行酒店盈利源选择时，所考虑的周围环境包括自然环境、商务环境、交通环境和人文环境等。投资者要综合考虑环境与自身选择盈利源的价值需求是否匹配，决定酒店的最终选址。

2. 设施设备

酒店设施设备包括直接或间接影响顾客住宿酒店生活的一切设施设备。酒店设施设备是酒店生产力的重要组成部分，离开了设施设备的正常运转，酒店的产品和服务将成无源之水、无本之木。为了满足顾客价值需求，现代化酒店都需要配备大量技术先进、构造复杂的设备设施。这些设施设备不仅是为顾客提供服务的物质基础，而且还是影响酒店服务质量、工作效率和酒店品牌形象的重要因素。

酒店的设施设备可分为客用设施设备和供应用设施设备两大类：

（1）客用设施设备。客用设施设备，又称前台设施设备，是指直接供顾客使用的各种设施设备，如客房设施设备、餐饮设施设备、康乐设施设备等。

通常住宿顾客在客房中的行为包括睡眠、洗浴、休息、看电视、远眺、梳妆、会客、工作（书写）、就餐和贮藏等。依据这些行为，可以将客房分为睡眠、起居、工作、贮藏、盥洗和交通六大基本功能空间。

客房睡眠空间是客房最基本的功能空间，配备设施设备主要有床、床头柜和床尾凳。床的大小选择决定着睡眠空间的大小，在一定程度上也代表着酒店客房的档次。在面积接近的标准客房中，床的尺寸越大，客房的档次越高。在进行客房睡眠空间设计时，可以选用单人床的大小一般在

1.35~1.5 米，双人床的大小一般在 1.8~2.0 米，床的造型直接影响着酒店客房的环境氛围，床上用品的质量也决定着住宿客人睡眠的舒适度。

客房起居空间是客人在客房内休息、远眺和用餐的空间，有时也兼具会客功能的空间。客房起居空间为取得良好的景观视野，常位于睡眠区域与开窗墙体之间。客房起居空间主要配置椅子和茶几，或者沙发和茶几。在带有阳台的度假酒店客房中，阳台内部空间可以是客房起居空间的延续。

客房工作空间是客人在客房内阅读和处理简单工作的主要空间。工作空间的主要设施设备包括写字台和椅子。有些高档商务酒店为了满足商务客人的办公需求，客房工作空间会配备宽大的办公桌和传真机、打印机等工作设施设备。

贮藏和微型酒吧空间可以细分为贮藏空间和微型酒吧空间。贮藏空间是酒店为贮藏客人携带的行李和衣物所准备的空间。客房贮藏空间的设施设备主要包括衣柜橱、行李架。衣柜橱内可选择性地配备衣架、可折叠式熨衣板和小型保险柜，并预留熨斗放置空间。微型酒吧空间指酒店为入住客人提供食品、酒水及饮料的陈列空间。

盥洗空间是客房内的独立卫生间。客人在卫生间内的主要活动包括梳洗、化妆、如厕和沐浴等。客房卫生间主要包括洗脸台（高级酒店为梳妆台）、抽水马桶、浴缸或淋浴间等设施设备，酒店档次越高，设施设备越高档、越齐全。

客房内交通空间是指联系以上各个功能空间的交通部分的总称。客房内交通空间主要由客房内部走道、房门和床周围空间组成。酒店应留有足够的交通空间供顾客安全地到达各个功能区域，对于无障碍客房其内部交通空间更应该充分考虑身体残疾客人使用要求，尤其是使用轮椅的顾客。

（2）供应用设施设备。供应用设施设备，也称后台设施设备，是指酒店经营管理所需的不直接与顾客见面的生产性设施设备，如锅炉设备、制冷供暖设备、厨房设备等。

适应于盈利源的价值需求，加强酒店设施设备管理，提高酒店设施设备的先进程度，可以为顾客提供高效、便捷、周到的服务。据世界旅游卫生组织历次调查表明，在一星到五星酒店的客人中，有 55% 把设施设备完好、清洁、卫生视为最重要的要求，是顾客决定是否住这家酒店或者以后再来的主要依据。

3. 服务

服务是酒店产品的一个十分重要的组成部分，也是顾客选择酒店的重要考虑因素之一。酒店服务内容的针对性、服务项目的多少、服务内容的深度和服务水平的高低等更是酒店竞争的重要环节。

正如"现代商务酒店之父"埃尔斯沃思·密尔顿·斯塔特勒（Ellsworth Milton-Statler）所说，"酒店仅出售一种特殊商品——服务"，"出售优质服务的酒店是好酒店，出售劣质服务的酒店是差酒店"。假日酒店的创始人凯蒙斯·威尔逊的名言是："优质服务是构成最终胜利的因素。"（于英丽，2013）

专家学者从不同的领域和视角对服务给出了不同的定义。其中，学者菲利普·科特勒（Philip Kotler，2005）对服务的定义具有一定的权威性，该定义为："服务是一方能够向另一方提供的任何一项活动或利益，它本质上是无形的，并且不产生对任何东西的所有权问题，它的生产可能与实际产品有关，也可能无关。"

酒店产品中的服务是指酒店员工利用酒店的设施设备，发挥自己的才干与技能，以自身的行为或结果去满足顾客对酒店特定需求的各种活动。从更广泛的意义上讲，酒店服务既是一种行为，也是一种复合形态的产品，由有形资源、无形服务行为和环境氛围等因素构成。

国际上将服务的英文 Service 各字母分解，每个字母代表服务的不同含义，对于服务产品设计的目标与要求。

S—smile（微笑）：这是各国人都能理解和最有效的世界性交流沟通语言，是与顾客进行友好交流沟通最基本、最有效的手段。同时，微笑也是最能体现员工热情服务态度最有效的体现。

E—excellent（优秀的）：酒店激励员工树立做酒店业最优秀员工、向顾客提供最优质服务的目标，并为实现这一目标而努力工作。

R—ready（准备）：时刻准备着以最佳的、最有效的方式为顾客提供优质服务。

V—viewing（关注）：及时发现顾客的明示或未明示的需求，争取在第一时间为顾客提供优质服务。

I—inviting（诱人的，邀请）：有两种解释，一种是始终能够为顾客提供诱人的、具有强烈吸引力的服务；另一种是每一次服务结束时，都应邀请顾客下次光临，努力使每一个顾客都成为回头顾客和忠诚顾客。

C—creating（创造）：精心提供创造性的、有价值的服务，满足顾客的个性化价值需求。

E—eye（眼神）：用热情的眼光和客人沟通交流，及时发现顾客需求，主动满足顾客需求，使顾客时刻感受到员工在关注自己和尊重自己。

4. 酒店环境氛围

酒店环境氛围指酒店环境所营造的风格、气氛和感受。酒店环境氛围对于顾客的心情、情绪同样有着重要的影响。顾客往往把对酒店环境氛围的感觉作为酒店服务质量评价的重要依据，同时这也是影响顾客是否光顾或再次光顾的重要因素。

酒店内部环境氛围包括酒店硬件环境氛围、服务环境氛围和文化环境氛围。

（1）硬件环境氛围。硬件环境氛围是由酒店的建筑、装饰、陈设、设施、设备、灯光、声音、颜色等因素所塑造的环境氛围。国家星级饭店评价标准中，明确规定了三星级及以上酒店建筑必须有自身的特色和风格。

硬件氛围是酒店氛围的先天基础，是构筑现代酒店整体氛围的物质载体。

酒店建筑氛围由建筑结构、外观造型、空间格局、装修装饰等因素决定。建筑结构是指在建筑物（包括构筑物）中，由建筑材料做成用来承受各种荷载以起骨架作用的空间受力体系。

建筑结构以其用材料和结构类型的不同，可以分为砖木结构、砖混结构、钢混结构、钢结构和其他结构（如竹结构、砖拱结构、窑洞等）。钢混结构又有框架结构、框剪（框架—剪力墙）结构、框筒结构等。

其中，框架结构的特点是能为建筑提供灵活的使用空间，但抗震性能差，框剪结构既能为建筑平面布置提供较大的使用空间，又具有良好的抗侧力性能。

目前，高层酒店建设中一般采用钢混框架结构，其中 25~30 层的高层酒店建筑通常采用框剪结构，30~40 层的高层酒店建设采用框筒体结构，100 米或 40 层以上的超高层酒店建筑宜采用纯钢结构。

酒店建筑应在建筑结构满足建筑设计要求的条件下，通过建筑造型、内部空间、建筑装饰等因素形成适宜的酒店建筑风格与环境氛围。

常见的建筑造型、装饰风格如传统中式风格、乡村风格、欧式风格、后现代主义风格等。酒店外观造型与装饰风格既要突出自身个性和突破创新，又要与周围环境和谐统一，形成整体协调一致，具有良好体验的环境氛围。

（2）服务环境氛围。服务环境氛围是由酒店员工的仪容仪表、服务态度、服务行为等因素所塑造的环境氛围。服务氛围是对酒店氛围的有效调节，也是酒店整体氛围的动态展示。

（3）文化环境氛围。文化环境氛围的核心是酒店企业文化的外在体现，是酒店在长期生产经营管理过程中形成的价值观、经营思想、群体意识和行为规范。文化环境氛围是酒店氛围的灵魂，也是酒店凝聚力的深层次因素与关键。

5.品牌形象

酒店品牌形象是酒店品牌与酒店形象的综合体,指酒店或其某个产品在市场上、在社会公众心中所表现出的个性特征。它体现公众特别是顾客对酒店或其产品的评价与认知。

美国营销协会对品牌的定义是"品牌是一个名称、术语、标志、符号或图案设计,或是它们的不同组合,用以识别某个或某群销售者的产品或服务"(赵丽伟、刘天飞,2011)。

当酒店品牌与良好的酒店产品和服务联系在一起时,对于酒店产品和服务的营销将发挥非常重要的作用。顾客对酒店的产品和服务越满意,该酒店品牌在顾客心目中的地位就越高。因此,酒店品牌就成为酒店盈利点的重要组成部分,进而优秀的酒店品牌可以成为酒店盈利屏障的重要组成部分,品牌在酒店盈利模式设计中有着非常重要的地位。

酒店形象是顾客及社会大众对酒店的总体评价或看法。酒店形象既包括建筑、客房、餐厅、设备设施等硬件形象,又包括酒店管理、服务质量、员工精神面貌、企业文化等软件形象。

酒店形象是酒店顾客和社会广大公众对上述有形和无形因素进行综合识别的产物。良好的酒店形象,是酒店拥有的宝贵财富,可提高酒店盈利能力与竞争力。特别是在中国这样一个"面子"文化比较突出的环境中,酒店形象对满足那些有"面子"需求的顾客来说非常重要。

二、酒店盈利点的特点

酒店具有盈利能力的产品和服务构成了酒店盈利模式中的盈利点,酒店产品和服务的特性决定了酒店盈利点的特点。酒店盈利点的特点又很大程度上决定了酒店盈利模式与一般工商企业盈利模式相比具有显著的独特性。具体来说,酒店盈利点具有如下特点:

1. 无形性

广义的酒店产品既包括有形产品，也包括无形服务，而且酒店大多数有形产品也附带着某些形式的服务。无形服务在酒店产品中占有相当重要的地位，发挥着非常重要的作用。酒店服务的无形性决定了酒店盈利点的无形性。

酒店盈利点中服务产品的无形性，决定了酒店服务产品无法像日常单纯的工业产品那样，进行实物接触、实物检验和实物体验，而且随着服务产品提供过程的结束，服务产品本身也不复存在。

无形性给酒店带来的最大影响是顾客对酒店产品和服务的认知只能通过以往的消费经历以及亲友的推荐获得，无法在决定购买时现场获得。

同时，因为酒店盈利点无形性的特点，使得口碑营销成为确立酒店品牌形象，降低酒店与顾客之间信息不对称，促进酒店盈利的主要营销方式。

酒店品牌形象也需要通过长期稳定的、优秀的、无形的服务质量来保证，而长期稳定优秀的服务质量最终又需要员工的实际工作和服务来实现。这些都构成了酒店盈利模式设计、创新与运作的独特性。

2. 同步性

酒店盈利点的同步性，有时又称同时性，指酒店服务产品的生产过程和消费过程是同时进行的。

我们日常消费的一般工业品，首先在企业进行产品生产，其次企业（或销售商）与顾客进行产品的销售交易，最终产品被顾客在相异于生产空间的消费空间进行消费。

与此不同，酒店服务产品首先被酒店销售，然后产品的生产过程与产品的消费过程在同一时间、在酒店空间中进行。

酒店盈利点的生产与消费的同步性既决定了酒店产品生产、营销的独特性，同时也决定了酒店盈利杠杆与盈利屏障的独特性。

3. 不可储存性

因为酒店盈利点的生产和消费过程的同步性决定了酒店产品无法像工业产品那样，将生产过程与消费过程彻底分开，所以盈利点就具有不可储存的特点。

酒店客房产品今天没有出售出去，酒店员工今天的服务技能也就无法体现出来，今天的价值也就丧失了。因此，如何更加有效地出售酒店客房产品就成为酒店创造价值和实现利润的一项重要挑战。

4. 不可流动性

酒店盈利点的不可流动性，又称不可移动性，指酒店产品的生产与消费过程，只能固定在某一特定地理空间（通常是酒店内部）进行，而无法像工业产品一样进行跨地理空间的运输与移动。

酒店盈利点的不可流动性，使得酒店业的经营与竞争具有明显的地域性特征。酒店产品的不可流动性，使得顾客必须亲临酒店才能消费。

酒店产品的地域不可流动性也决定了酒店可以靠某种"独特的区位或地段优势"吸引顾客前来消费。这种"独特的区位或地段优势"成为酒店盈利模式设计与创新的重要一环。

5. 顾客参与性

酒店提供的服务产品需要顾客参与到产品的生产与消费过程之中。而且，顾客在酒店服务产品的生产过程之中扮演的是主动参与角色，而不只是被动接受角色。服务产品的生产过程是顾客同酒店服务人员广泛接触的过程，酒店服务产品质量由顾客与服务人员在生产与消费过程中共同塑造，服务质量的好坏不仅取决于服务提供者的技能与素质，还与顾客的参与行为密切相关。因此，在酒店盈利模式设计与创新过程中，服务质量是一个关键性的因素。

6. 异质性

酒店服务产品的无形性和顾客参与性，导致提供给每位顾客的服务产品各有不同。因此，在盈利模式设计与创新时，在产品标准化的同时，更应重视产品的个性化，通过个性化的产品为顾客创造独特的价值体验，从而巩固或提供酒店的盈利水平与空间。

三、酒店盈利点分类

从酒店盈利点设计与创新角度出发，酒店盈利点既可能是一个"全新的"盈利点，也可能是对原有盈利点的局部改进或完善。

按照盈利点的全新程度、设计与创新途径的不同，可以将酒店盈利点分为：

1. 全新盈利点

全新盈利点是指系统应用新理念、新技术、新材料或新工艺，设计创新出具有新结构、新功能的新产品。

全新盈利点通常是在全世界首先开发，能够开创一个全新的市场。例如，在酒店发展史中，斯塔特勒所设计与建造的现代商务酒店，开创了现代商务酒店的概念与市场。

2. 改进型盈利点

改进型盈利点是指在原有产品的基础上进行局部改进，使产品在结构、功能、品质、装饰、氛围或形象上具有新的特点和新的突破。这种新盈利点与老产品具有一定的相似性，有利于顾客迅速接受，开发也不需要大量的资金投入，失败风险相对较小。

例如，针对当今酒店顾客对客房智能化的需求，酒店对客房进行改造时应用现代智能技术，使酒店客房具有了新的智能化功能，由此开发出智能化客房。

3. 模仿型盈利点

模仿型盈利点是在对国内外市场上已有的产品进行模仿设计与创新，使之成为本地市场或本酒店的新盈利点。

4. 重新定位型盈利点

重新定位型盈利点是指将酒店已有的盈利点推广进入新的市场，使之成为酒店一个新的盈利来源。

第三节 酒店盈利点设计与创新流程及内容

酒店盈利点设计与创新，也可称酒店盈利点研发，是根据选定盈利源的价值需求，按照规范化的流程，研制和开发出具有预期盈利前景的新盈利点的过程。酒店盈利点的设计与创新流程，按照其先后顺序，主要包括以下流程环节和内容：

一、盈利点创意形成

盈利点的形成通常来自一个新的创意。从通常意义上讲，创意就是能够创造盈利的好主意、好想法。一个好的创意是盈利点设计与创新成功的关键。酒店盈利点设计与创新的创意通常来源于以下人员：

1. 创业者及其团队

一种成功的酒店盈利模式创意的产生，往往出自创业者及其团队的努力。酒店创业者及其团队，通常能够敏锐地感知酒店盈利环境中关键因素的变化及其对顾客价值需求的影响，作为对顾客价值需求的回应，创业者及其团队会形成新的创意，进而构建起一种新的酒店盈利模式。因此，从盈利模式的设计或创新视角出发，设计酒店盈利模式的创业者及其团队成为酒店盈利模式中盈利家这一构成要素。

2. 酒店内部员工

酒店内部人员包括酒店各经营部门、职能部门和后勤保障部门的员工。对于已经成立的酒店，盈利点创意的产生，更多来自于酒店内部员工。这些人员的共同点是熟悉酒店业务的某一方面或某几个方面，对酒店提供的产品和服务较外部人员有更深入的了解与关注，因而往往能针对酒店产品和服务的优缺点提出改进或创新的思路，并在此基础上结合对酒店盈利方面的考虑，形成一个新的盈利点创意。通常，在酒店的内部员工中，酒店销售人员和高层管理人员是盈利点创意的重要来源。

3. 酒店顾客

酒店顾客是新盈利点创意雏形最丰富的来源。顾客在使用酒店既有产品与服务过程中，直接感受到既有产品与服务的方便与不便之处，并且可以针对这些不便产生关于产品改进或进行相关产品系列化扩展的想法或建议。

酒店顾客的这些想法或建议可能在完整性方面存在不足，但它是顾客价值需求最真实的表达。正是这些不完整的想法或建议，很有可能成为点燃新盈利点创意之源的火花。收集顾客的想法或建议通常可采用顾客问卷调查、函询、座谈会和顾客回访等多种形式，给顾客充分表达意见的机会。此外，在一些非正式的场合，如顾客在使用产品时的不满或抱怨中也常能激发相关人员新盈利点创意的火花。

4. 中间商

旅行社、旅游批发商、旅游经营商、航空公司、会展公司等都可能成为酒店新盈利点创意的有效来源。这些中间商是酒店顾客与酒店之间的桥梁与纽带，他们一方面了解酒店顾客的价值需求，另一方面对旅游和酒店业务又有专业化的视野与知识，因此他们提供的有关创意对酒店常常具有较高的参考价值。

5. 竞争对手

研究竞争对手的产品，从而改进酒店现有的产品，也是新盈利点创新来源的一种有效途径。无论是在思想方面，还是在市场方面，竞争者的新盈利点都可能对酒店形成一种冲击和压力。同时，竞争对手的新盈利点也为酒店创新自身的盈利点、形成有效的创意提供了更加可行的思路与方向。因此，酒店要始终关注竞争对手的盈利点创新和市场表现，有针对性地思考如何对自身的盈利点进行改进和创新。

6. 酒店外的研究与开发人员

这些人员广泛存在于各种专家协会、大学、研究机构、发明家协会、政府管理部门、各类研究与创新中心等。这些人员创新思维活跃，较少受酒店业既有思维模式的束缚，同时能够借鉴和利用其他产业或技术知识领域的最新成果，针对酒店业务发展提出更加大胆的创新思路，酒店常常可以从中得到改进或创新酒店盈利点的灵感与创意。

二、盈利点创意评估

盈利点创意通常仅是创意本人或其团队一些较为粗线条的想法，在具体实现方式与实现途径上存在多种可能性和不确定性。同时，盈利点创意无论多么引人入胜，都必须满足一些基本条件，才有继续推进的必要。于是，需要对盈利点创意按照相应的原则和流程进行评估和筛选。

1. 原则

在创意评估和筛选过程中，需要遵循以下原则：

（1）技术的可行性。任何一个酒店盈利点创意的最终实现，必定会借助或采用一定的技术手段、技术设施、技术设备。如果既有的技术手段无法实现，该盈利点创意就必须放弃。

（2）经济的可行性。经济上的可行性包括未来投资的可获得性、未来经营的盈利性、未来经济回报的可接受性。只有满足了经济方面的条件，盈利点在经济上才是可行的，否则创意也要放弃。

（3）法律法规的可行性。盈利点创意必须在国家法律和法规许可的范围之内，不违背法律法规的规定。这样盈利点创意才具有可行性，才有进一步完善与推进的必要。

（4）战略与资源适应性。酒店盈利点创意必须和创业者及其团队或酒店自身长期战略相适应，同时盈利点创新也要和创业者及其团队或酒店拥有的资源相匹配，这样才能有效保证盈利点创意未来的成功。

（5）风险的承受性。任何一个盈利点创意的实现都是有风险的，都有可能给创业者及其团队或酒店带来经济上的损失，这要求把损失控制在相关主体的可承受范围之内，否则盈利点创意也应理智放弃。

2. 流程

对盈利点创意的评估和筛选需要遵循以下流程：

（1）成立评估和筛选专家小组。为保证评估和筛选的科学性，应聘请酒店经营管理各方面的专家，如技术、服务、营销、财务、经济等方面的专家，组成专家小组。在选择专家小组成员时既要考虑专业方面的互补性，还要考虑性格特征的互补性，以保证评估和筛选活动的顺利进行。

（2）经验筛选。由评估和筛选专家根据自家的经验来判断创意与顾客价值需求、酒店经营目标、技术条件、财务能力、营销能力是否相适应，把明显不适应的创意剔除，比较接近的留下以作进一步筛选。

（3）评分筛选。评分筛选是指利用评分模型对粗筛选留下的创意进行评分筛选。评分模型通常包括评分因素、评分等级、权重及评分人员等评价要素。评分因素是指影响盈利点与创新成功的各种关键因素，如酒店的研发能力、财务能力、生产能力、营销能力、原材料的采购能力、市场潜力、竞争者状况、酒店品牌形象等。

三、盈利点投资方案研发

在通过盈利点创意评估的基础上，就需要围绕实现盈利点的生产与运营条件、达到预期生产运营能力所需要的各种资源投入以及投入资金的来源进行规划与预算。各种资源投入规划与预算包括土地资源投入、建筑工程投入、装饰工程投入、设施设备投入、人力资源投入、无形资产（如品牌、专利、专有技术等）投入和必要的材料投入等的种类、规模和金额的规划和预算。投入资金来源规划与预算包括权益性资本投入、负债性资本投入以及其他资本投入的规模和金额的规划与预算。

四、盈利点营销方案研发

为了把盈利产品引进市场，还需要在形成盈利点产品概念的基础上研发相应的营销方案。营销方案通常包括三部分：第一部分，描述目标市场，确定盈利点产品的市场定位；第二部分，长期（细分产品未来 3~5 年，整体酒店产品 10~20 年）的预期销售额和相应的营销组合策略，包括产品策略、价格策略、渠道策略和促销策略等；第三部分，未来年份营销预算，对盈利点产品未来年份销售价格以及对应的销量进行预算，作为盈利点产品盈利测算的基础。

五、盈利点生产与营运方案研发

盈利点的生产与运营方案研发是对盈利点产品未来大规模进行生产与运营时，所需的生产与运营方式、所需的资源供应与采购计划、对应的生产与运营成本进行详细的规划与预算。盈利点生产与营运方案研发的目的与作用包括两个主要方面：一方面是对盈利点设计与创新在生产与运营方面的可行性进行进一步细节性评估；另一方面预算出盈利点未来生产与运营成本，作为盈利点产品盈利测算的基础。

六、盈利点盈利测算

通过盈利点营销方案研发，预算盈利点未来的销售价格与对应销售量，在此基础上可以预算出盈利点未来的销售收入。通过盈利点生产与营运方案研发，预算出盈利点未来的生产与运营成本。盈利点未来的销售收入减去对应的生产和经营成本，可测算出盈利点未来的盈利规模，作为对盈利点设计与创新在经济方面进一步论证的基础。

七、盈利点产品研发

盈利点产品研发是指酒店从顾客价值需求角度出发，对盈利点创意进行的详尽描述，即将盈利点创意具体化，形成包括盈利点产品的性能、用途、价格、提供给顾客的利益等，让顾客能清晰地识别出盈利点产品的具体特征。

盈利点产品的研发过程就是将粗线条的创意转化为详细的产品信息的过程。该过程步骤包括：

1. 盈利点产品市场信息搜集

搜集盈利点产品所对应的市场信息，获得有关市场的特征、同类或相近产品的特征、市场竞争状况等多方面的信息。

2. 盈利点产品设计

利用收集到的信息和专家资源，将盈利点创意细化成新产品，即包括产品的目标市场、性能、用途、价格、提供给顾客的利益等。

3. 完善盈利点产品设计

通过与专家和潜在顾客的谈话来获得盈利点产品概念的态度与建议，并根据建议对新产品进行调整、补充和完善。

4. 盈利点产品测试

新产品的测试主要是了解顾客对新产品的反应，进而对新产品的市场前景有一个初步认识，以减少新产品失败的可能性，并且作为进一步完善盈利点营销、研发、生产与运营研究的基础。

八、盈利点产品正式上市

盈利点产品经营初步测试，获得较好的市场反响后，就可以按计划、有步骤、正式地推向市场，真正接受顾客与市场的考验，最终完成盈利点的设计与创新。

第四节　常见酒店盈利点设计与创新

酒店盈利点是为满足酒店顾客价值需求进行的设计与创新，酒店顾客价值需求不同，决定了酒店盈利点的不同。下面以酒店整体作为一个盈利点，对酒店盈利点设计与创新的要点进行分类介绍。

根据酒店经营产品或业务不同，还可以对盈利点进行细分，如以住宿产品为主要盈利点、以餐饮产品为主要盈利点、以休闲娱乐康体为主要盈利点等。通常，酒店会根据自身选定的目标顾客设计酒店整体盈利点，进而体现到对细分盈利点的设计与创新之中。这样细分盈利点就成为酒店总体盈利点在局部方面的细化。因此，对酒店整体盈利点的设计与创新，实际上也包含和体现了对细分盈利点的设计与创新。

酒店盈利点的设计与创新可以从基于自发性旅游需求类型和顾客价值需求层次两方面进行考虑。

一、基于自发性旅游需求类型的盈利点设计与创新

酒店盈利点的研发与创新包括两大部分内容：第一部分是酒店规划阶段对选址、定位、建筑、氛围、产品组成等内容的设计与创新；第二部分是酒店经营阶段对细分盈利点的设计与创新，本部分主要对第一部分进行说明，第二部分可以参照进行。

根据常见的自发性旅游需求类型，常见的酒店盈利点类型和与之相应的盈利点设计与创新如下：

1. 观光旅游酒店盈利点设计与创新

旅游观光活动是旅游者受旅游吸引物（自然风光、文物古迹、民族风情、都市风貌等景区）吸引，到异地进行的短期旅游活动。旅游者观光旅游的主要目的是欣赏旅游吸引物，在此过程中需要到酒店进行短暂的住宿和餐饮活动。观光旅游酒店在进行盈利点设计与创新时，主要应从以下几方面考虑：

（1）地理位置选择。对于观光旅游活动顾客白天在酒店外进行观光，空暇或晚上在酒店进行就餐或休息。所以，满足旅游观光活动需求的酒店从旅游者角度出发，通常位于观光点附近或交通便利地段，以节省旅游者的交通成本和体力支出。

（2）设施设备设计。观光旅游者在酒店主要是完成短暂的住宿和餐饮活动，对酒店设施设备的要求不高，酒店的设施设备只要能够为观光旅游者提供一个清洁、安静、舒适的休息睡眠环境即可。另外，由于社会和经济的发展，在观光旅游者中老年人、幼儿与青少年以及残疾人士的比例将持续上升，如果酒店目标顾客中有这些人士，还需要配备相应的、特别的设施设备。

（3）服务设计。观光旅游者对于酒店的服务基本上局限于与观光旅游活动配套的住宿和餐饮活动，以及与观光旅游活动相关的信息咨询服务。同时，随着经济与社会交往全球化的深入，观光旅游者中的外国旅游者未来将呈现出持续上升趋势，如果酒店目标顾客有外国观光旅游者还需要特别提供外语交流与沟通服务。

（4）环境氛围与品牌形象。观光旅游酒店在建筑物空间布局上没有特别的惯例可循，基本原则应与周围观光景点的自然环境有机融合、和相处。同时，如果能够与观光景点的文化主题相映成趣，能够收到借力发力、少投入大产出的效应。

通常普通观光旅游者对酒店的品牌形象没有特别要求，但是如果酒店的目标顾客是高收入或具有一定社会地位的人士，就需要在品牌形象方面进行特别的设计与投入，以满足这些人士对品牌形象的需求。

案例

印度文化遗产观光酒店发展策略 [①]

全印度约有100座基于旧的城堡、皇宫、大宅院发展而来的文化遗产观光酒店（Heritage Hotels），依托不属于印度政府文物保护法案限制开发范畴、非公共资源、为私人所有的遗产建筑原址，把现代酒店的舒适性、奢华性融入其中，使之既具有旅游住宿接待功能，本身又是文化底蕴深厚的旅游吸引物。

文化遗产是印度旅游资源的主要类型，其科学、历史与艺术价值具有世界影响力，如著名的红堡、胡马雍陵、泰姬陵、"圣雄"甘地陵墓、王舍城、那兰陀寺，以及精美的佛教塑像、雕刻和绘画等。

印度的乌岱普尔湖上皇宫酒店（Taj Lake Palace），坐落在 Pichola 湖的中央，波光粼粼的湖面映衬白色大理石建筑，营造出轻快飘逸、优雅浪漫的氛围，酒店入口沿用旧址，坐小船从皇宫的拱形正门进入，大堂撒满花瓣。坐落于印度沙漠首府久德浦尔（Jodhpur）以北的乌麦·巴哈旺王宫（Umaid Bhawan Palace）酒店，建筑外观雄壮霸气，曾经是久德布王室家庭的主要住宅。

整座酒店全采用黄褐色硬质砂岩建成，大厅中央采用挑高大圆顶，四周环绕双层式的柱廊，地上镶嵌光滑的大理石地板，墙上挂着波兰艺术家 Stefan Norblin 的异国风格壁画和石雕艺术品，家具全是以几何型及流线型为特色的镀金艺术作品，显得古典优雅。

---

① 左一响，周章.印度文化遗产观光酒店发展战略 [N].中国旅游报，2007-9-28（11）.

遗产酒店建筑色调多以白色为主，单体建筑的规模都不算大，但建筑间的草坪绿地却十分宽阔，彰显了建筑的魅力。新建筑物和设施的材质较多采用印度传统建筑常见的大理石，保持连贯和协调。建筑比例和形状适宜，建筑设计方案构图比印度传统建筑略为现代化。对泥土的精心运用以及手工作业的痕迹，给墙体留下了装饰；巧妙的砌筑方式也赋予建筑美感；毛石采用砂浆之类的覆面材料涂抹，看上去粗糙、结实；木制品则有异常丰富的节点和装饰。

印度酒店特色之一是本土风情浓郁。门童穿着传统服装，高大、威武而又殷勤，大堂里总是飘荡着印度香水的味道，各种装饰也是完全印度特色，有的酒店在走廊里摆放的艺术品是真正的出土文物。斋普尔（Rambagh）皇宫酒店安排有骑大象散步、观赏宫廷舞蹈表演等休闲活动，特色鲜明。设有以传统宫廷生活为特色的马球酒吧，布置有记录王侯骑马运动的马球记事及战利品。酒店服务员穿着传统服装，迎宾方式也保持了传统，以撒落大量花瓣来迎接来访住客。

与外部装饰不同，酒店硬件设施较多采用现代化标准配备。乌麦·巴哈旺王宫酒店1997年改建成文化遗产观光酒店，目前有30间豪华房间和15间套房，皇宫内附设有博物馆、藏书丰富的图书馆、餐馆、酒吧、大舞厅、各式宴会厅、室内游泳池、吸烟室、大理石花纹回力球场、网球场及SPA设施，旅游服务内容新颖多样，设施舒适度高。

优质带来了高回报，富有特色的文化遗产观光酒店，价格高出中档酒店相当大比例，全年普通标间的折后价都在200美元以上，并树立了较高的国际知名度。

2. 商务旅游酒店盈利点设计与创新

商务旅游活动顾客的主要目的是顺利完成商务活动。为了满足商务旅游者的价值需求，商务酒店在进行盈利点设计与创新时，主要从以下几方面考虑：

（1）地理位置选择。对于商务旅游者来说，"时间就是金钱，效率就是生命"。为了方便商务旅游者的商务活动，商务酒店尽可能选择商务活动集中地区或交通便利地段，这样可以为商务旅游者节约宝贵的交通时间成本，提高商务活动效率。

（2）设施设备设计。为了方便商务旅游者开展各种商务活动，商务酒店应设置商务中心（Business Centre），配置各种商务活动所需的设施设备，能够为顾客提供打字、复印、传真、翻译、上网、购买机票等服务。

如果酒店设有高级行政套房或商务套房，可以将商务服务设施设备，如传真、打印、复印以及全球视频通话、机票购买等设施设备直接安装在客房内，更利于高级商务旅游者的商务活动。

如果商务酒店定位于商务会议市场，还应提供各类会议室，会议室从规模、档次、配套设施设计、计价收费等方面能够给商务客人更多选择空间。

另外，商务客人在繁忙紧张的商务活动之余，通常有一些休闲、娱乐、康体需求，甚至包括一些商务应酬活动需求。商务旅游酒店还可根据具体目标盈利源的需求，设计和配套一些相关设施及服务，如旅游池、健身房、台球室、保龄球室和 SPA 室等。

（3）服务设计。商务旅游酒店除了从服务设施设备方面考虑为商务旅游者的商务活动提供便利，还要对服务产品进行细致考虑。商务旅游酒店服务于商务旅游者的商务活动，"热情、周到、细致、高效"是服务产品设计的基本原则。

服务产品设计时首先满足商务旅游者基于商务活动的特殊需要，除了商务中心可以提供服务外，还特别重视高级商务客人的需求，为其提高品质服务产品。

例如，通常高档商务旅游酒店在酒店内设置"行政楼层"，一般位于酒店的顶层或专用楼层。该楼层配有商务房、商务套房或豪华套房，以及

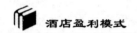

商务酒廊，并且配置专用电梯。商务旅游者可以在商务酒廊享受休息、餐饮、会客、阅读等服务。商务旅游者还可以在专用楼层直接办理入住和离店手续，不必到酒店大堂的前台办理。

同时，为方便旅游商务者的商务活动，提高酒店的盈利和市场竞争力，酒店还可以创新性地设计和提供附加服务，如配置高档商务用车，专门用于高档商务客人及其家人的接送机服务、外出商务活动和周边观光服务等。

另外，酒店还可以为旅游商务客人提供一些特殊服务，满足其商务旅游过程中生活上的一些特殊需求，如加急洗熨衣物、送餐入房等服务。对于一些特别客人，高档商务酒店还可以提供专享私人管家服务。

（4）环境氛围与品牌形象。商务酒店在外观建筑物空间布局上，多采用集中紧凑方式，如塔式、中庭式、板式等多层或高层建筑。这是因为商务酒店多选址于城市中心商务区或繁华区，城市中心的土地资源紧缺，同时政府规划也会对土地指标进行约束，因此布局紧凑式的高层布局可以极大地提高稀缺土地资源的利用率。

酒店的内部环境与装饰风格一般遵循"高档，但不奢华"的原则。同时，商务旅游者适应于商务活动的需求，通常对酒店的品牌形象要求较高，在档次上一般以高星级酒店为主。

案例

北京东方君悦，典范的商务酒店空间①

东方君悦大酒店位于中国最大的商务建筑群东方广场，毗邻首都最繁华的商业旅游街区王府井大街，步行数分钟即可到达北京天安门广场和故

---

① 吕松. 北京东方君悦，典范的商务酒店空间 [J]. 家居与环境，2004（2）：47-53.

宫，地理位置非常优越。

新月形的建筑结构造就了浑圆流通的气势。酒店的整体形象设计上，巧妙地运用了老北京传统四合院正方的格局概念，完美再现东方古韵。酒店内部雄伟壮观的大堂，镶金布置的流水扶手，独一无二的水柱形风水球，都为酒店带来东方式的流动平衡感。而且，酒店空间设施的风水取意极佳，具有浓郁的中国传统文化精髓。

正方形图案在酒店的形象设计中随处可见，深色的木质托盘、水果碗，还有茶盒等都雕刻着方形的图案。在用色方面，从手工刺绣的丝绸盒子到大小桌椅坐垫，都是皇家的金黄色调。

北京东方君悦大酒店拥有582间豪华舒适的客房，包括一间复式总统套房，2间董事套房，71间嘉宾轩套房和92间君悦豪华客房。所有客房配有宽敞的落地观景窗，装饰于客房内的中国传统四合院的黑白照片使每间客房都充满了浓郁的北京气息。另外，为满足不同需求的客人，酒店的每间客房都设有豪华大理石浴室及独立淋浴间。

酒店顶层的4层为行政楼层"嘉宾轩"，"嘉宾轩"设有贵宾接待处，由资深服务员提供体贴入微的服务，并设有专用会议室和商务中心。休息厅每日为"嘉宾轩"提供免费早餐，全天茶点，晚间鸡尾酒及细致周到的礼宾服务。

北京东方君悦大酒店拥有总共1600平方米的会议及多功能厅，几乎所有厅房都集中分布在同一楼层，配备最先进的会议科技和完善的设备，可承接各种各样高水准要求的会议、宴会及社交活动。

为了确保活动的成功举办，满足客人的要求，酒店是北京唯一一家为客人提供专业的一站式服务的酒店，会展服务人员会自始至终地为客人提供全面周到的服务。

酒店餐厅——悦厅（Noble Court）的室内布局为典型的古代贵族庭院结构，体现出餐厅的华丽和雍容。餐厅提供最具粤菜风格的特色佳肴，包括品质优秀的鱼翅、燕窝和鲍鱼等海鲜和时令菜品，内设有五间时尚雅致的小型宴会厅房。

酒店餐厅——长安壹号（Made in China）提供北京果木挂炉烤鸭、叫花鸡等原汁原味的中国美食。开放式厨房传出的锅碗瓢盆交响曲与来宾用餐时的闲谈小语交织在一起，别有一番趣味，在长安壹号可以享受美食的更高境界。来宾在品味之余，还可以鉴赏到传统中餐厅里难得一见的收藏丰盛的葡萄酒和各式充满想象力的美味中西甜点。

2003年8月15日正式开业的"东方亮"是一间充满奇思妙想的餐吧。"东方亮"位于君悦大酒店的大堂。有三处与众不同的设计理念贯穿其中：一是相互衔接的吧台有主吧台、Sushi餐台吧和雪茄吧；二是丰富浓厚的传统设计元素与明快清晰的现代设计技巧水乳交融；三是整个设计出自著名的Super Potato工作室和华裔顶尖的平面设计大师陈幼坚Alan Chan，由视野通透的3个酒吧区和一个气氛妩媚的独立包间相辅相成。晶莹剔透、时尚幽雅的吧台提供了品种繁多的鸡尾酒、香槟、葡萄酒和优质威士忌。4人组合女子乐队以传统中国乐器上演的经典轻歌妙曲更是引人入胜。

北京东方君悦大酒店拥有一流健身设施的会员制绿洲俱乐部，并拥有令人叹为观止的大型度假式室内游泳池，还有专用的儿童游戏室。

2003年9月，北京东方君悦大酒店在由世界权威旅游杂志《亚太商务旅行者》（*Business Traveler Asia Pacific*）的读者投票中，继2002年之后连续荣获"北京最佳商务酒店"的殊荣。

3. 会议酒店盈利点设计与创新

会议酒店是服务于会展旅游活动，以接待各种会议，包括展览会、交流会、学术研讨会和宴会等在内的一种特殊类型的商务旅游酒店。对于会议酒店来说，会议活动成为该酒店最主要的盈利点。所以，会议型酒店盈利点的设计主要围绕顾客的会议活动需求而展开。

（1）地理位置选择。由于会议型酒店是针对商务会议市场，会议可以选择在都市商务区进行，特别是短期、临时性会议，都是伴随商务旅游活动进行的，在都市商务区进行，可以提高商务旅游活动效率；也可以选择在交通便利的地区，特别是风景名胜区进行，这些地区的酒店主要服务于长期的、不希望受日常事务打扰的会议，在会议的间歇期，还可以进行观光、游览、休闲与放松。

（2）设施设备选择。会议型酒店由于主要服务于会议活动，因此在设施设备方面也有特殊要求，通常需要设置足够数量的各种规格的会议厅、宴会厅，有展览服务需求的酒店还需要设置各种展览厅。服务于会议需要，还要配备各种会议设备，如投影设备、录放设备、扩音设备、通信设备、视听设备和同声传译设备等。

（3）服务设计。为满足会议顾客的价值需求，会议酒店的服务设计要与会议顾客的会议消费需求相适应，提供相应的会议服务产品。

会议服务是一种专业化程度较高的服务，会议酒店要通过专业化的服务机构、专业化的服务人员、专业化的流程为会议顾客提供专门化的服务。会议服务具体来说，主要包括以下要点：在酒店组织机构中要设置高层经理专门负责会议服务的组织协调工作，在运营服务部门应设置专门会议服务管理部门，具体进行服务管理；酒店要培养一支高素质的会议服务队伍，掌握专业化的会议服务技能；确定规范化的管理流程，保证会议顾客集中入住、就餐、消费、娱乐等活动，要保证服务工作的井然有序，避免大量顾客喧哗吵闹，影响酒店正常工作；会议前期筹备要认真细致，做好设备调试工作，会议中认真提供各项服务，会议后期跟踪回访。

（4）环境氛围与品牌形象设计。会议酒店的环境氛围与品牌形象设计，基本上与商务旅游酒店相同，重点是突出酒店的商务会议氛围，品牌形象上同样贯彻"高档，但不奢华"的原则。

4. 休闲度假酒店盈利点设计

（1）地理位置选择。休闲度假活动来自于现代人，特别是现代都市人，对日常"高压力、快节奏"现代都市工作和"大喧哗、多污染"都市生活环境的厌倦和短暂逃离。

休闲度假酒店应选择在具有安静、舒适、清新自然环境的旅游吸引物（自然风光、文物古迹、民族风情、都市风貌等风景区）周边，特别是在田园山水、森林湖泊、温泉瀑布、海滨沙滩等资源周围，这样可以充分利用这些优美的自然资源，满足休闲度假者的休闲度假需求。

（2）设施设备设计。休闲度假酒店除了提供一般酒店所应有的设施设备外，还要满足顾客休闲、娱乐、康体、保健、疗养等多方面的需求，所以要有足够的休闲娱乐设施设备，如多功能厅、游泳池、影视厅、台球室、健身房、保健室、棋牌室等。

条件允许时，还可以有选择性地提供或合作开发各种室外休闲、娱乐、康体等设施设备，满足客人滑雪、骑马、垂钓、潜水、网球、高尔夫球等室外休闲娱乐活动的需求。

（3）服务设计。休闲度假酒店与常见的城市酒店在满足顾客价值需求方面，最突出的不同之处是休闲度假酒店重点是满足顾客多样化休闲娱乐需求。休闲度假酒店要结合酒店所处的自然资源及人文资源条件，设计和提供多样化的休闲娱乐服务。

例如，靠近山林的度假酒店，可以考虑独立开展或合作开展登山、滑翔、野营、越野、森林浴、骑马、滑草、越野车等休闲娱乐服务；靠近乡村的可结合自身条件独立提供或合作开发乡村避暑、森林浴、采摘、田园休闲、打鱼、垂钓、生态餐厅、生态健身、生态宿栖（木屋、树屋、露营）等休闲娱乐服务；靠近海滨的可考虑独立提供或合作提供海水浴、日光浴、沙浴、海钓等休闲娱乐服务。

（4）环境氛围与品牌形象。独特的自然环境资源是休闲度假酒店生存和发展的先天基础，是设计成功并获取盈利的关键所在。休闲度假酒店设计通常遵循先景观、后建筑的原则。特别是以自然景观资源为主的休闲度假酒店，环境因素在酒店设计的过程中处于首要地位，它直接影响酒店主要功能空间的布局。同时，作为休闲度假酒店，环境因素不仅包括自然资源，也包括与之相适应的人文资源，原因是顾客的许多休闲娱乐活动要在室外进行。

休闲度假酒店通常选址于景区附近，在设计布局时宜采用分散布局、扁平化布局或者庭院式布局，采用这样的布局可以使酒店更好地融入周围景区环境。度假酒店的楼层设计应较低，通常不应超过5~6层。这样，一方面是为了更好地融入周围景区；另一方面是地方政府为更好地保护景区资源，通常会对景区周围建筑高度加以限制。

休闲度假酒店的建筑风格通常选取所在区域独有的建筑风格元素，以及当地文化元素，这样既可以与周围环境融为一体，还可以有效地塑造出具有当地文化内涵的酒店氛围，满足顾客欣赏自然风光的同时体验当地文化。通过酒店环境氛围的营造，给住店顾客提供赏心悦目的环境，让旅游者真正获得身心的放松。

案例

梦幻高尔夫度假村——牙买加丽兹卡尔顿酒店 ①

牙买加是个奢华的度假胜地。丽兹卡尔顿度假中心就驻扎在多达5000亩的绿色丛林中，有连绵的大山作背景。第一部《007》就在这儿拍摄，穿着性感比基尼的乌苏拉·安德斯和詹姆士·邦德及美丽的加勒比海被全世界

① Timonthy O', Grandy. 梦幻高尔夫度假村——牙买加丽兹卡尔顿酒店 [J]. 孙瑾译. 世界高尔夫, 2008（5）：127.

所熟知。

除了《007》，你还会爱上牙买加的传统美味，多汁香浓的鸡翅、辣龙虾、龙虾玉米饼、烤龙虾尾，还有风情万种的瑞格舞。

顾客在如同宫殿般华美的丽兹卡尔顿酒店登记之后，可以穿上绵软的拖鞋，在480英尺大的豪华客房中捧杯红酒，走到宽大的阳台上看看加勒比海的风景。这样简单的度假方式是很多人梦寐以求的。

酒店离白女巫（White Witch）球场开车只要10分钟，球场由罗伯特·冯·哈格和里克·巴里尔携手设计。白女巫球场坐落在绵延起伏的山地和乡村美景中。这个标准杆71杆的球场如同它的名字一般诡异。第3洞的果岭附近有一个恐怖至极的沙坑，几乎是把整个果岭团团包围，稍有不慎，球就会被沙坑吞噬。18个球洞中，有16个面向加勒比海，可以看到整个海岸线的风景。

在打完高尔夫球后，最好的解压方式就是去足部SPA中心放松一下。这里最常见的服务有胡萝卜油深度护理和牙买加咖啡身体按摩。即使这样顾客也能有非同一般的享受。然后，顾客可以到COHOBA酒吧消遣消遣，那儿有着多达150种的加勒比朗姆酒，有时间的话还能和家人一起看看加勒比海的夕阳。

二、基于价值需求层次的酒店盈利点设计与创新

按照顾客价值需求从低到高的层次，酒店可以分为中低档酒店、中档酒店、精品酒店、主题酒店、高档酒店、豪华酒店和奢华酒店等几大类型。相应的盈利点设计与创新可以分为以下几种：

1. 中低档（经济型）酒店盈利点设计与创新

中低档酒店面向的盈利源（即目标顾客群）主要以社会上普通的中低收入个人或家庭旅游者为主，另外包括旅游消费支出受约束的普通商务

（公务）旅游人士。

这些旅游者由于收入较低，或者受旅游消费支出约束，支付能力较弱，因此对产品与服务的价格非常敏感，于是他们成为中低档（经济型）酒店的主要盈利源。这些顾客对酒店的主要价值需求为"经济、安全、卫生和便利"。

《旅游饭店星级的划分与评定》（GB/T14308–2010）对各星级饭店的"消费价值"进行了引导，一星级是适用型饭店，二星级是经济型饭店，三星级是中档饭店，这三者是有限服务型饭店。四星级是高档饭店，五星级是豪华饭店，这两者是完全服务型饭店。

中低档酒店基本上属于经济型酒店，以星级标准划分，基本上属于我国星级标准的一、二星级酒店。目前，在我国中低档酒店市场中，最具代表性的是以如家、锦江之星等为代表的经济型酒店。

中低档（经济型）酒店按照顾客"经济、安全、卫生和便利"价值需求，盈利点的设计与创新包括以下内容：

（1）地理位置选择。中低档（经济型）酒店面向的盈利源（即目标顾客群）主要是普通大众旅游者和中小企业的一般商务旅游人士。中低档（经济型）酒店通常应选择公共交通方便快捷的地理位置，一般多位于城市中心或邻近市中心的高速路、主要道路的两侧或分岔处。

同时，中低档（经济型）酒店仅提供以客房服务为主的有限服务产品，没有或少有餐饮、商务、会议、娱乐等配套设施与服务。这样就要求，在酒店所在位置300~400米半径范围之内，应有能够满足顾客步行可及的餐馆、酒吧、商店、邮政、娱乐、便利店等商业和公共服务设施。

（2）设施设备选择与设计。中低档（经济型）酒店以满足顾客住宿服务需求为主，在客用设施设备方面，在能够满足顾客住宿需求所需功能和心理感受的前提下，为降低资金投入与运营成本，通常尽可能减少非住宿用设备设施的投入与使用。

中低档（经济型）酒店产品及服务典型模式是 B&B，即床（Bed）和必不可少的早餐（Breakfast）。中低档（经济型）酒店应将有限的资源充分投入到住宿及早餐服务方面。例如，经济型连锁酒店如家快捷的宣传是"一二三四"，即一星的墙、二星的堂、三星的房、四星的床，充分体现了如家酒店对客房及其住宿设施设备的重视。

通常，中低档（经济型）酒店要么不设计大堂，仅用一个适宜空间作前台，为顾客办理入住和离店手续，即使有大堂，也会设计得小巧精致。

客房是酒店客用设施中最重要的部分，也是酒店的主要利润来源，对于经济型酒店来说更是如此。

按照国际惯例，中低档（经济型）酒店每个标准客房的建设面积在 25 平方米，建设投资在 2 万~4 万美元。由于客房运营成本低，因此在酒店各种客用设施中利润最高，于是客房面积往往超过一个酒店总建筑面积一半以上，而经济型酒店更达到 70%~80%。

中低档（经济型）酒店的客房一般设有双床间（标准间）和大床间，基本不设套间。双床间主要服务于以观光旅游为目的的家庭旅游团队和普通商务旅游团队。大床间主要服务于单身旅游者或对住宿有一定要求的商务旅游者。

国内有的中低档（经济型）酒店为了方便顾客用早餐，通常会设一个小空间的自助式餐饮厅。中低档（经济型）酒店为了节约资金投入和运营成本，酒店一般不配备商务、会议、休闲、娱乐、康体等设施设备。

在供应用设施设备方面，中低档（经济型）酒店一方面要尽可能压缩设施设备的投入，另一方面对于必要的供应用设施设备要注重节能与环保。

按照美、英等十国的综合统计：酒店采暖通风和空调能耗占 65%，生活热水能耗占 15%，照明、电视能耗占 14%，厨房炊事能耗占 5%。其中，空调是能耗中的大项。绝大多数中低档（经济型）酒店在冬季采取市政供暖，在夏季采用分体空调制冷，有效地节约能源消耗。

另外，为了降低运营成本和提高市场竞争力，有的中低档（经济型）酒店通常会将客房清扫服务、洗衣服务等外包给专业化公司，这样既可减少相应的人工成本，还可以节约相应设施设备的购置与投入。

（3）服务设计。中低档（经济型）酒店的顾客虽然对价格很敏感，对酒店的餐饮、休闲、娱乐、康体等服务及设施设备没有过高要求。但是，由于旅游劳累、商务奔波、工作压力等因素，希望在酒店获得良好的休息与睡眠，因此对中低档（经济型）酒店的客房住宿服务有着较高要求。雅高集团的一项针对经济型酒店客人的调查结果也反映了顾客的这种消费特征，即所有入住经济型酒店顾客的共同诉求是以较低廉的价格获得一夜良好的睡眠。

适应于顾客较高的住宿需求，中低档（经济型）酒店应通过员工高效率、便捷、安全、卫生的服务行为和舒适、安静的客房设施设备，满足顾客这方面的住宿需求。中低档（经济型）酒店应用心设计、严格把关客房的用床及床上用品的规格与品质。

客房布草（布草是酒店客房部对卫生间放置的毛巾、台布和床单、枕套等的通称）尽量使用较高质量的纯棉制品，增加顾客使用舒适度。

另外，对经济型商务酒店的顾客，由于在客房办公的时间较长，对写字台、椅子、电话、灯光等设施设备的要求也较高。同时，还要对顾客视觉、听觉、嗅觉和味觉进行全面考虑。

通常，经济型酒店不提供洗衣服务，或将洗衣服务外包，以降低资金投入与运营成本，客房内也不设冰箱、小酒吧等服务及设施。

中低档酒店一般仅提供一定限度的餐饮服务，通常仅提供便捷的自助早餐服务。有些中低档（经济型）酒店例如如家上海徐家汇店，还提供简捷的正餐服务，价格相对适中，对于工作繁忙的商务顾客来说既实惠又方便。作为提供有限服务酒店的代表，中低档（经济型）酒店通常不提供客房送餐、宴会服务、康体娱乐和任何精致化的服务。

（4）环境氛围与品牌形象设计。中低档（经济型）酒店，特别是近些年设计和投入运行的经济型酒店，为节省资金和时间投入，酒店建筑物通常采用长期租用方式取得长期使用权，然后对原有建筑物（如老式的住宅、停产闲置的工厂、功能过时的办公楼等）进行改造，达到酒店建设目的。

中低档（经济型）酒店在租赁时，一般应选用框架结构的建筑，一方面因为框架结构可提供较好的空间改造灵活性；另一方面改造过程中对主体结构的伤害较小，进行结构加固、建筑增层等行为较为容易，而且空间改造不会对建筑机构的安全性造成破坏。

中低档（经济型）酒店内部设计、装修与装饰一般遵循简单、便捷、安全、卫生的实用主义原则，没有令人震撼的空间效果，没有令人目眩的前卫设计，但是这样的内部设计对于酒店建造者和使用者来说却"既经济又实用"。

另外，中低档（经济型）酒店建筑物楼体的进深不应过小，如果楼身太薄，做客房很难，改造的成本也会加大，严重影响经营。同时，楼身的进深也不能太厚，否则内部会出现"黑客房"，影响顾客的住宿感受和酒店形象。

在保持原有建筑物主体框架和外观形式不变条件下，可以通过对建筑外立面和内部空间按照一定创意进行适宜地装修、装饰，形成一个"经济、适用、美观"的氛围与形象。

品牌是决定中低档（经济型）酒店市场竞争力和盈利的关键要素。在品牌设计和支撑方面，中低档（经济型）酒店也应注重对酒店名称、商标、公司象征符号、企业标准色、标准字体、识别物等的设计与营销推广，以促使酒店能够在庞大的中低档（经济型）酒店市场中形成良好的品牌效应。

专业化管理和标准化经营是支撑中低档（经济型）酒店品牌的两个核心要素，所以中低档（经济型）酒店无论在运营和管理方面都要执行统一的标准，保持服务品质的高度统一，强化酒店的品牌竞争力和盈利能力。

2. 中档（三星级）酒店盈利点设计与创新

中档酒店在我国星级标准划分体系中，基本上归属于三星级标准酒店。中档（三星级）酒店服务面向的盈利源（即目标顾客群）主要以社会上普通白领阶层家庭和对生活有一定品质要求的中端旅游商务人士。

这些顾客家庭收入较高，消费支付能力较强，对生活品质又有一定要求，但对产品与服务的价格又比较敏感，不愿意为非真正需要、高档的东西付费，属于消费非常理性的人群。这些顾客对酒店的主要价值需求为"干净、舒适的住宿环境和必要的综合服务与设施"。

适应于这些顾客的价值需求，中档酒店盈利点设计与创新主要包括：

（1）地理地位选择。中档（三星级）酒店地理位置的选择主要考虑两种因素：一种是以中端旅游商务人士为主要盈利源的中档酒店，地理位置应选择城市商务中心附近，且交通便利，周围商业、餐饮、娱乐业配套相对完善的地区；二是以观光旅游者或度假旅游者为主要盈利源的中档酒店，地理位置应选择景区、度假区附近，或交通主干道附近。

（2）设施设备选择与设计。中档（三星级）酒店同中低档（经济型）酒店的相同之处是都提供有限服务，不同之处是中档酒店在显著提高住宿服务与设施设备舒适性前提下，还要有选择地提供餐饮、商务、会议、娱乐、健康等设施与服务。

中档（三星级）酒店应精心设计、严格把关客房用床及床上用品的规格与品质。客房布置应尽量使用较高质量的纯棉制品，增加使用舒适度。另外，对于商务中档酒店的顾客来说，在客房办公的时间较长，对写字台、椅子、电话、灯光等设施设备的要求也更高。

中档（三星级）酒店在进行设施设备选择时，受顾客消费与支付能力限制，不可能选择豪华的设施设备，同时顾客对产品与服务品质的要求又高于中低档（经济型）酒店，因此，中档（三星级）酒店在进行设施设备选择时应遵循"精细而小巧"的原则。

首先，精心设计和选择核心产品——住宿服务的客房设施设备。按照国际惯例，中档（三星级）酒店每个标准客房的建设面积在 36 平方米，建设投资在 4 万~6 万美元。根据《旅游饭店星级的划分与评定》（以下简称"酒店星级标准"），三星级酒店可供应出租的客房数量最小规模为 30 间（套）。通常三星级酒店客房规模在 200~400 间，平均在 300 间左右；客房应装修装饰良好、美观，应有软垫床、梳妆台或写字台、衣橱及衣架、座椅或简易沙发、床头柜及行李架等配套家具，客房内应满铺地毯、木地板或其他较高档材料。

在客房类型上，以双床间（标准间）和大床间为主的同时，应设有少量套间。这样既可以有效提升酒店品牌形象，又可以满足少数高品质顾客的住宿需求。由于中档（三星级）酒店的客房面积较大，有更大空间提升客房用床及床上用品的规格与品质。客房布草应使用高品质的纯棉制品，达到材质良好、柔软舒适效果，显著提高顾客睡眠的舒适程度。

对于中档（三星级）酒店顾客来说，在客房办公时对写字台、椅子、电话、灯光等办公设施设备要求较高，应通过对办公设施设备品牌、规格、材质、造型的精心设计与选择，满足顾客相应的需求。同时，客房卫生间也应使用高品质的清洁与盥洗设施设备。

其次，应配备规格适中、品质精良、富有特色的接待、餐饮、商务和会议等设施设备。中档（三星级）酒店应设置装修美观的前厅和总服务台。大部分三星级酒店的顾客中，相当一部分是商务客人。商务客人非常重视自身形象，并且中国人还存在显著的"面子"文化。因此，中档（三星级）商务型酒店应重点投资和打造一定的商务会客空间（如大厅、咖啡厅、会议室和商务室等）和特色餐厅，满足商务旅游人士的商务活动需求。

最后，中档（三星级）酒店可适度省去顾客较少使用，但投入资金和运营非常高的水疗 SPA、游泳池、大型健身室、超大型会议厅等大型设施设备及服务。

（3）服务设计。适应于中档（三星级）酒店盈利源需求，酒店应精心设计和提供规范、舒适的住宿服务，配备规格适中、品质精良、富有特色的接待、餐饮、商务和会议等设施设备，适度省去水疗 SPA、游泳、大型会议厅等高档服务。

同时，中档（三星级）酒店也可以将某几层划作高档区，常称"商务楼层"。这些楼层主要对高端商务顾客开放。商务顾客可以使用专用电梯进入该区。商务楼层里的客房应宽敞、豪华，家具和装饰档次也很高，并可提供附加商务、餐饮和康体服务。客房和套房中每天应放置鲜花和水果，吸引顾客注意。

另外，为了方便和满足商务顾客需要，中档（三星级）酒店通常还可提供洗衣服务，酒店为了吸引高端商务客人甚至可以提供免费洗衣服务、宽带上网或无线上网服务。

（4）环境氛围与品牌形象设计。中档（三星级）酒店的环境氛围设计应结合周围环境、历史传统、人文资源等因素，从建筑结构、外观造型、空间格局、装修装饰等角度入手，尽可能设计特色化的品牌形象，赢得顾客满意和忠诚。

3. 精品酒店盈利点设计与创新

在国际酒店归类中，精品酒店（Boutique Hotel）属于独特概念酒店（Unique ConceptHotel）。精品酒店概念诞生于欧美地区，源于法语的"Boutique"一词，象征着"时尚"、"独特"和"个性化"。精品酒店最初起源于北美洲，指具有私密、豪华或离奇性质的酒店环境，提供独特的、个性化的居住和服务享受，从而使自己与大众所熟悉的大型连锁酒店相区别。

如今精品酒店已扩展为提供个性化、小众化、时尚化的产品与服务的小型酒店。用精品酒店的创始人之一——伊恩·施拉德（Ian Schrager）的话说："如果将众多隶属于饭店集团的酒店比作百货商店的话，那么精品酒店就是专门出售某类精品的小型专业商店了。"（赵宏、赵慧宁，2011）

精品酒店无法准确对应某一星级水平，就其设施设备和服务产品档次来说，大多数精品酒店通常高于三星级酒店水平，一般在三至五星级水平，少数高档、会所式精品酒店的档次甚至超过五星级，达到奢华酒店水平。一些高档的主题酒店同样可归属于精品酒店，但是大多数精品酒店通常不存在明确的主题，因此并不是所有的精品酒店都可以归属于主题酒店。

精品酒店产品性质决定了其满足的是对生活品质有很高追求，但是又不特意对外显示的高端顾客，其价值需求集中表现为"个性、时尚、精致、有品位"，用行业内说法是"追求的是一种低调的奢华"。适应于这种价值需求，精品酒店盈利点设计主要内容包括：

（1）地理位置选择。精品酒店通常选择城市或风景区两类地理位置，相应称为城市精品酒店和风景区精品酒店。

城市精品酒店对于地理位置的选择要求相对较高，由于精品酒店通常不配备停车场设施，所以应选择邻近城市交通便利地区，或城市核心商务区、城市形象代表区以及城市时尚或创意街区。这样的地理位置可以为精品酒店带来充足、稳定的高品质顾客。

风景区精品酒店地理位置选择相对灵活，核心原则就是尽量借助风景区优势自然资源，利用风景区资源吸引力为酒店吸引顾客。

（2）设施设备选择与设计。精品酒店基本上都是以提供精致、高端的住宿服务为主。精品酒店的客房数量非常有限，一般控制在100间以下，平均客房数量在40~70间，甚至有只有数间客房的家庭旅馆。

尽管精品酒店客房数量规模不大，但是由于顾客属于追求"个性、时尚、精致、有品位"的高端顾客,客房面积应相对宽敞,客房类型通常较多,有的甚至做到一房一型。

精品酒店受场地与顾客规模限制,基本不提供规模化的餐饮、会议、娱乐、康体等设施设备与服务。即使提供餐饮服务,也只是提供一些面积非常有限、做工非常精良、特色非常明显的餐饮服务。适应于这种类型服务,精品酒品的厨房、餐厅及其设施设备都非常精致、美观、时尚和有特色。

(3)服务设计。适应于"个性、时尚、精致、有品位"的价值需求,精品酒店应以提供精致、高端的住宿服务为中心,围绕顾客的个性化需求,设计和提供差异化、精致化的服务,以细致入微的服务打动顾客,使顾客感受到被高度重视与尊重,使顾客产生流连忘返之感。

在条件许可范围内,精品酒店还可以为顾客提供时尚、美观、精致的餐饮服务,小规模的商务会谈、商务会议服务,以及精致、高雅的 SPA 水疗、康体和娱乐服务。对于洗衣服务,大部分精品酒店以外包为主,但是外包方都是高品质的专业洗衣企业。

(4)环境氛围与品牌形象设计。精品酒店受顾客普遍推崇和欢迎的重要原因在于其独特性与唯一性。其中,原创性、独特性的建筑与修饰风格及其所形成的独特的环境氛围是其不同于其他酒店的首要因素。

精品酒店的顾客群体非常注重生活品质,崇尚有设计感的事物,所以对酒店建筑进行原创性、独特性的设计非常重要。

精品酒店的建筑规模一般很小,建筑高度也不要求很高。因此,并不是必须采用传统的钢混式框架结构。在遵循与周围自然环境相协调、体现当地人文精神的基础上,可以对建筑结构、建筑造型、建筑风格进行大胆的原创性设计。

例如建筑材质可以就地取材,可以采用纯木质、砖木混合式建材,甚至可以采用竹质、金属等材质。无论采用什么样的材质、造型、风格,精品酒店建筑都要形成自身特色，成为其他酒店难以复制的建筑。

同样，精品酒店的室内设计也应追求原创性、独特性，可以围绕某主题将精品酒店设计成主题型精品酒店，还可以大胆引用时尚元素设计成时尚型精品酒店，也可以与地域风格和文化相融合设计成地域风格型精品酒店。无论哪一种室内设计，都需要体现出原创性、独特性的特点，同建筑设计和谐地形成一个主体，在给顾客带来精致、高雅、时尚的感觉的同时，形成酒店独特的品牌形象，提升酒店的生存与盈利能力。

案例

诗性智慧下传统营造技艺的保护与传承
——以安缦法云精品酒店为例 [①]

安缦法云精品酒店选址在杭州市的一个古村落——法云村。法云古村是明清遗留的古村落，村中有乡土民居 50 幢，都分布在一公里长的沿溪小径两侧，石铺小径连接永福寺与灵隐寺，周围还分布着杭州佛学院、法喜寺等不同时期的七座寺庙。2008 年，昭德公司与安缦集团联手对历经沧桑的古村进行修缮，改造建成了精品酒店。

对于前往安缦的顾客或探访者而言，从进入西湖旁的林荫大道就开始了对安缦的审美。入口再次体现了安缦注重顾客体验的特点。安缦的设计师曾经自豪地讲述过他们的巧思，对于迷路的体验也是设计中的一部分，并且隐蔽的入口设计暗合了杭州的隐士文化，也能够让人联想起陶渊明笔下的桃花源。

[①] 华亦雄. 诗性智慧下传统营造技艺的保护与传承——以安缦法云精品酒店为例 [J]. 装饰，2014（11）：135–136.

因为安缦法云位处七座古寺之间，可以"晨钟暮鼓为我所用"，设计者还放养了一群白鹅，营造出了世外桃源般的理想听觉环境，上香古道不时穿梭而过的僧人则更为整体环境增添了浓浓的禅意。

　　酒店的面积达 1.5 万平方米。建筑单体的数量与体量都保持着古村落原有的格局，对原有格局的尊重保证了整体规划的山水构图。安缦法云为了尽量真实地再现 18 世纪中国乡村的环境氛围，在建筑和小环境的营造中应用了大量的乡土材料，比如石材、生土、竹、木等。村子原本是每家每户杂居，因此房型朝向甚至是外墙的颜色都不同。白墙就维持原来的白色，泥墙就去找材料和匠人将其修缮。泥墙用泥和稻草混合，中间还要混合糯米汁，以增加黏性。仍会用这种方法修房子的工人，最年轻的也快60 岁了。虽然说实地考察后发现建筑的墙并非完全用生土垒成，而是在外墙上敷设了一层生土材料，这是酒店为了满足采暖、给排水的功能条件而进行的改良应用。

　　用来围合院落的石坎墙、人字梁屋顶上铺设的篾席与草席、路边看似随意的竹编篱笆，以及为了防雨而铺设在石坎墙上的棕垫，都使用了原生态的传统技艺。传统技艺在处理材料时的共同特点是尽量利用物理方法对材料形态进行改变，而极少用到化学方法。

　　室内主要陈设艺术品的选择则是对隐士文化的再度诠释。法云村早在明朝时期就是张岱等隐士文人的隐居之地。室内陈设品也采用了传统材料和工艺来体现安缦一贯推行的环保理念，比如在卫浴空间中大量地运用竹质设施和非一次性洗漱用品，将传统技艺营造的诗意注入室内的每一个环节。

　　室内艺术品和陈设品的选择突出了以明清文人作为主导的设计概念，以书法作品为主，遵循以下三个原则：以能写大字并在艺术上有特别创意的、思考身世与退隐文化有关系的艺术家为主选的对象；以表现明末清初、清末民国、现代三个时期时代精神的作品为主选；以和杭州有关的书法家为首选。此外，安缦设计的整体观在室内陈设中的体现也很充分，每个房间内外的书法作品都来自同一位艺术家。

4. 主题酒店盈利点设计与创新

主题酒店是为满足某些顾客某种"独特的主题性价值需求"而设计和建造的酒店。具体来说，主题酒店（Theme Hotel）是以某一现象或事物（历史、文化、地理、民族、自然等）为主题，酒店从有形产品（建筑、装饰、设施设备等）到无形服务等都围绕该主题展开，以期给顾客创造独特价值体验，满足顾客某种独特价值需求的特色酒店。

在国际酒店归类中，主题酒店（Theme Hotel）同样属于独特概念酒店（Unique Concept Hotel）。同精品酒店一样，主题酒店也无法准确对应某一星级水平，就其设施设备和服务产品档次来说，大多数主题酒店一般在三至五星级酒店水平，少数高档、会所式主题酒店的档次甚至超过五星级，达到奢华酒店水平。

主题酒店盈利点的设计与创新应紧扣顾客"独特的主题性价值需求"，紧密围绕该主题展开。

（1）地理位置选择。主题酒店的地理位置没有统一的选择标准。当然，如果酒店选择的特定主题依赖或更有利于利用某种自然、历史或人文资源，酒店在选择地理位置时应尽可能靠近该资源。还有，如果具有该主题需求的旅游者在某一地理位置相对集中，应尽可能选择在该地理位置建造酒店。

（2）设施设备选择与设计。主题酒店供应用设施设备的选择与一般酒店供应用设施设备的选择原则一样，主要考虑设施设备的环保、节能、高效、宜用和经济等因素。主题酒店设施设备选择的独特性主要体现在客用设施设备方面。

客用设施设备是与顾客直接接触的设施设备，可以通过两个主要方面进行选择与设计：一方面，客用设施设备要满足酒店提供主题服务产品的需要，可以使主题服务达到恰当、合理、充分的展示；另一方面，通过对客用设施设备本身独特的、细节化的设计，也可以用来展示、烘托和渲染主题，更好满足顾客对特定主题的需求。主题酒店客用设施设备主要包括主题客房、主题餐厅、主题休闲娱乐活动等设施设备。

（3）服务设计。主题酒店服务产品除了能够像一般酒店一样，满足顾客住宿、餐饮、休闲娱乐等一般需求外，更主要的是围绕既定主题，以主题化、个性化的服务产品设计，让顾客获得独特性的、愉悦的、难以忘怀的服务体验。

为了给顾客创造独特的服务体验，主题酒店需要对酒店员工的服务行为和服务产品进行特别设计。

酒店员工的服务行为是酒店主题的动态展示过程，主题酒店要围绕主题对员工行为进行规范、塑造和培养。员工服务方式应与酒店主题所展现的氛围与意境一致，否则酒店服务会影响酒店主题的营造。

主题酒店在进行服务设计时，要把握好主题服务活动的程度。主题服务不能太过单一，要有多样的主题服务活动，使顾客充分感受和体验酒店主题的丰富性和多样性。同时，主题服务内容也要充实，可以使顾客获得多层次的体验收获，既包括物质的、身体的，也包括精神的、心理的。但是，主题服务活动也不能太过频繁或肤浅，使顾客产生厌烦和不快的心理。

另外，主题酒店在进行服务设计时，还要充分体现顾客的"参与性"。在"参与性"主题互动中，顾客更能够对酒店所展示的主题获取亲身的体验经历，形成独特的、难以忘怀的经历和体验。

（4）环境氛围与品牌形象设计。在主题酒店的主题展示与传达中，视觉展示与传达是既简单又直观的表达形式，强烈的视觉刺激可以直接影响顾客的体验心理。主题酒店可以通过建筑造型、装饰造型、器具造型等空间和线条的形式之美来向人们传达它独特的主题、形象和品牌，通过酒店的风格、色彩、形态、灯光、材质与陈设等元素的设计，使这些视觉性设计不但能引起顾客的好奇心，还能使顾客从中得到或兴奋、或新奇、或梦幻般独特的情感体验。

案例

美国拉斯维加斯主题酒店：金字塔酒店 ①

金字塔酒店（Luxor）也许是世界上最宏伟和神秘的酒店。酒店内一座楼高 30 层的黑色玻璃金字塔和两座有阶梯的金字塔楼是古埃及艺术和现代科技的结晶，是拉斯维加斯最具创造力和想象力的建筑艺术杰作，令酒店在拉斯维加斯无与伦比。

"Luxor"这个词的意思是"宫殿"。1993 年秋开始建造，以古埃及文明为主题设计。外观设计成大金字塔及人面狮身像，酒店房间就在金字塔里面。酒店房间的设计也以古埃及风格为主，住宿的旅客以专用小艇渡过小尼罗河后送到客房。

原来的金字塔酒店建筑成本为 3.75 亿美元，后来两栋新馆又花了 2.4 亿美元。金字塔本身的房间（总共 2256 间客房，其中 236 间有热水喷射浴缸）多无浴缸，只有淋浴间。如您喜欢泡浴缸，就选东、西厢的新馆（Tower）房间（共有 1948 间，其中套房 237 间）。

新馆位于金字塔北边。1996 年底新馆（22 层）开幕后已成世界第三大旅馆，"塔"高 36 层楼，目前是拉斯维加斯仅次于 MGM 的主题酒店。酒店还拥有 12 万平方英尺赌场，2600 台老虎机。酒店套房小的是 465 平方英尺，大可至 4800 平方英尺。

---

① 新浪旅游，http://travel.sina.com.cn/hotel/p/2009-02-10/193060705.shtml。

金字塔酒店外观就像金字塔，中空的内部有很多的建筑，黑色金字塔内部，是一个中空的建筑，房间建在金字塔的外壁之中，房间呈 30 度向上延伸至金字塔塔顶。由于造型太特殊了，在金字塔的四个角落设置的电梯，其造型亦是前所未见的，电梯呈 30 度斜角上升，称为 Evalator。酒店的安全措施良好，要想上楼，需要通过一楼安全人员的检验。

从酒店房间里向外看，可俯视赌城的主街道和周围群山；房门开向金字塔内部，可俯视大厅内的景观。所有房间都摆放了古埃及风格的木质雕刻家具，房间装潢十足埃及的味道是赌城最有特色的。

酒店和马戏广场（Circus Circus）及石中剑大酒店（Excalibur）同属马戏集团所经营，金字塔和石中剑之间两边用单轨电车连接。隔壁是同一集团兴建中的天堂乐园大酒店。在设计上，它不像马戏广场及石中剑是以家庭为取向，金字塔则以成年人、商务旅客为诉求目标。它的客房设计给人一种稳重舒适的感觉。

酒店金字塔的内部为中空的设计，建有主题游乐园，称之为金字塔的秘密，分为"过去"、"现在"、"未来"三个主题。"过去"是飞行模拟器，"现在"是观看 3D 的立体电影，"未来"则是以一个 7 层楼高的银幕来欣赏超大银幕动感电影。

5. 高档（四星级）酒店盈利点设计

高档酒店对应酒店星级水平为四星级酒店。高档（四星级）酒店服务面向的盈利源（即目标顾客群）主要是社会上较为富有的白领阶层家庭和中高端商务旅游人士。

这些旅游家庭和人士对生活品质要求较高，消费支付能力很强，对酒店产品与服务的价格不太敏感。因此，他们成为高档（四星级）酒店的主要盈利源。这些顾客对酒店主要价值需求为"干净、舒适的住宿环境和全面的综合服务与设施"。

适应顾客对高档（四星级）酒店的这种价值需求，高档（四星级）酒店的盈利点设计包括以下内容：

（1）地理位置选择。适应高档（四星级）酒店的价值需求，高档（四星级）酒店可以分为城市商务型高档（四星级）酒店和风景区度假型高档（四星级）酒店。城市商务型高档（四星级）酒店应选择在经济发达、商业繁荣、交通快捷的城市中心商务区和交通枢纽附近。风景区度假型高档（四星级）酒店应选择在风景名胜区附近。

（2）设施设备选择。高档（四星级）酒店同中低档（经济型）酒店、中档（三星级）酒店和精品酒店的显著不同在于，后三者都是提供有限服务的酒店，而高档（四星级）酒店是提供全面服务的酒店。因此，高档（四星级）酒店不仅有提供"舒适的住宿服务"所需要的完善的客房住宿设施设备，还要有提供包括餐饮、商务、会议、娱乐、康体等全面服务的设施设备。

根据顾客需求并结合四星级酒店的星级标准，高档（四星级）酒店的客用设施设备选择与设计包括的主要内容有：

根据酒店星级标准，四星级酒店应供应出租的客房数最小规模为40间（套）。四星级酒店客房规模一般在300~400间，平均在400间左右。四星级酒店70%的客房面积（不含卫生间）不应小于20平方米。客房应装修高档，提供舒适的软垫床，并配备写字台、衣橱及衣架、茶几、座椅或沙发、床头柜、全身镜、行李架等家具，且布置要合理，方便顾客使用。客房内应满铺地毯、木地板或其他较高档材料。

在客房类型上，四星级酒店除了双床间（标准间）和大床间，适应于高端旅游度假和商务顾客需求，应设一定数量的套房，包括3个开间豪华套房。根据酒店星级标准，四星级酒店除了应有标准间（大床房、双床房）外，还要有两种以上规格的套房（包括至少3个开间的豪华套房），套房布局合理。

客房布草应使用高品质的纯棉制品，达到材质良好、柔软舒适效果，显著提升顾客睡眠的舒适程度。客房应有内窗帘及外层遮光窗帘，遮光效果良好。应有防噪声及隔音措施，效果良好。

尽可能为客房内配备小冰箱，提供适量酒和饮料，并备有饮用器具。客房内应有专用电话机，可以拨打国际、国内长途电话。客房应有画面和音质良好的彩色电视机，播放频道不少于16个，并备有频道目录说明书。

客房内应有装修良好的卫生间，卫生间应采用高档建筑材料装修地面、墙面和天花板，色调高雅柔和。卫生间应有浴缸或淋浴间，配有浴帘或其他防溅设施，采取有效的防滑措施。

除了能够为顾客提供"舒适的住宿服务"的客房住宿设施设备，还要配备包括餐饮、商务、会议、娱乐、康体等全面的服务设施设备。主要包括：①应为顾客提供布局合理、格调优雅的中餐厅、咖啡厅（或简易西餐厅），并设有宴会单间或小宴会厅，同时设有专用的酒吧或茶室，方便顾客多种就餐需求；②应设有相对齐全的会议设施与服务，至少两种规格的会议设施；③应有必要的、布局合理的康体设施，为顾客提供康体健身服务。

同时，酒店还要为顾客提供合理、相对完备的公共区域与公共设施设备，主要包括：①酒店前厅整体装修精致，有整体风格、色调协调、光线充足，区位功能划分合理；②应专设行李寄存处，配有酒店与宾客同时开启的贵重物品保险箱；③门厅及主要公共区域应有符合标准的残疾人出入坡道，配备轮椅，有残疾人专用卫生间或厕位，为残障人士提供必要的服务；④应有回车线，并有足够泊位的停车场，方便顾客乘、停车；⑤3层以上（含3层）酒店建筑物应有数量充足的高质量的客用电梯，轿厢装修高雅，同时配有员工服务用电梯；⑥公共区域应有男女分设的间隔式公共卫生间，环境良好；⑦应有商务中心和商品部，可提供传真、复印、国际长途电话、打字等商务服务和日常用品、旅游纪念品等购买服务。

在供应设施设备选择与设计方面，高档（四星级）酒店除了在整体上应贯彻"节能、环保"原则外，适应高端商务旅游者和休闲度假者对餐饮服务的需求，酒店应重视对厨房设施设备的选择与设计，参照酒店星级标准，酒店厨房主要内容与要求包括：①各种厨房应位置合理、布局科学，传菜路线不应与非餐饮公共区域交叉；②厨房与餐厅之间，采取有效的隔音、隔热和隔气味措施，进出门可自动闭合；③墙面满铺瓷砖，地面应用防滑材料满铺并设有地槽；④冷菜间、面点间独立分隔，有足够的冷气设备，冷菜间内有空气消毒设施和二次更衣设施；⑤粗加工间与其他操作间隔离，各操作间温度适宜，冷气供给充足；⑥应有必要的冷藏、冷冻设施，生熟食品及半成食品分柜置放，有干货仓库；⑦应有专门放置临时垃圾的设施并保持其封闭，排污设施（地槽、抽油烟机和排风口等）保持清洁通畅。

同时，在酒店公共区域，应有应急照明设施和应急供电系统，主要公共区域有闭路电视监控系统。另外，酒店应有中央空调（别墅式度假酒店除外），各区域通风良好。酒店还应提供必要的员工生活和业余活动设施，保障酒店员工生活的健康和丰富多彩。

（3）服务设计。适应于高档（四星级）酒店盈利源的价值需求，酒店应精心设计提供舒适、全面、高级的客房住宿服务，根据酒店星级标准，四星级客房服务应提供的服务包括：①客房、卫生间应每天全面整理一次，每日或应顾客要求更换床单、被套及枕套，客用品和消耗品补充齐全，并应顾客要求随时进房清理；②应提供使用方便的互联网接入服务；③应提供客房微型酒吧服务，提供冷热饮用水，可应顾客要求提供冰块；④应提供顾客衣物干洗、湿洗、熨烫服务，可在24小时内交还顾客，并可提供加急洗衣服务；⑤应提供18小时的送餐服务，送餐菜式品种不少于8种，饮料品种不少于4种；⑥应提供留言及叫醒服务；⑦客房内应备有擦鞋用具，并提供擦鞋服务。

高档（四星级）酒店除了提供舒适、全面、高级住宿服务，还应提供公共区域服务、专门服务和附加服务，以全面、高品质的服务满足顾客需求：①总服务台接待人员应 24 小时提供接待、问询和结账服务，并能提供留言、总账单结账、国内和国际信用卡结算及外币兑换等服务；②应有专职行李员，配有专用行李车，18 小时提供行李服务，提供小件行李寄存服务；③应提供代客预订和安排出租汽车服务；④提供高品质的自助早餐和宴会服务；⑤提供专业化的会议服务；⑥提供恰当的康体服务；⑦提供或代办市内观光服务。

（4）环境氛围与品牌形象设计。高档（四星级）酒店作为高档服务和消费场所，顾客对于酒店的环境氛围和品牌形象有着较高层次的需求。

高档（四星级）酒店的结构除了满足建筑设计要求外，建筑物外观和建筑结构应有自身特色，同时空间布局合理，方便顾客在酒店内活动。酒店建筑物内外装修应采用高档材料，符合环保要求，工艺精致，整体氛围协调，形成高档、良好的环境氛围。酒店可以在装修装饰风格中注入个性化元素，形成独有的主题功能特色。并且，酒店应加强服务品质管理，形成富有特色的品牌形象，赢得顾客的信任与支持。

6. 豪华（五星级）酒店盈利点设计

豪华酒店对应的酒店星级水平为五星级酒店。豪华（五星级）酒店面向的盈利源（即目标顾客群）主要是中大型集团公司的高层管理者、娱乐界明星、位高权重的政界人物及其他社会富有人士及其家庭。

这些顾客的需求价值特征是经济实力和支付能力强，对价格不甚敏感，追求"豪华、高雅、高品质"的酒店产品与服务。

适应这些顾客对豪华（五星级）酒店的价值需求，豪华（五星级）酒店的盈利点设计包括以下内容：

（1）地理位置选择。同高档（四星级）酒店的地理位置选择一样，豪华（五星级）酒店也可以分为城市商务型豪华（五星级）酒店和风景区度假型豪华（五星级）酒店。城市商务型豪华（五星级）酒店同样应选择在经济发达、商业繁荣、交通快捷的城市中心商务区和交通枢纽附近。风景区度假型豪华（五星级）酒店也应选择在风景名胜区附近。

（2）设施设备选择。豪华（五星级）酒店和高档（四星级）酒店的相同之处是提供全面服务，但是豪华（五星级）酒店不仅满足顾客住宿、餐饮、商务、会议、娱乐、康体等全面服务需求，更要在全面服务中充分满足顾客追求"豪华、高雅、高品质"的需求。

根据豪华（五星级）酒店的顾客需求并结合五星级酒店的星级标准，豪华（五星级）酒店的客用设施设备选择与设计包括：

五星级酒店可供应出租的客房数最小规模为50间（套）。实践中，五星级酒店客房的一般规模在200~600间，平均在300~500间。根据酒店星级标准，五星级酒店70%客房的面积（不含卫生间和门廊）不应小于20平方米。

实践中，五星级酒店的客房面积随着社会经济水平的发展和人们出行质量的提高，酒店客房的面积在不断增大。同时，酒店客房面积也同酒店豪华程度紧密相连，酒店豪华程度越高，通常酒店客房面积也越大。以北京地区为例，20世纪80年代，北京地区五星级酒店标准客房面积在30平方米左右；20世纪90年代，标准客房面积达35平方米左右；2005年之后，标准客房面积达到45平方米左右（沈鑫，2012）。

五星级酒店标准客房开间推荐尺寸为4.2米至4.5米，客房进深应该在8.8米至10.5米，客房总面积最好控制在42平方米到50平方米之间，客房卫生间面积应在8平方米至10平方米之间。

豪华（五星级）酒店客房应装修豪华，具有良好的整体氛围，应有舒适的床垫及配套用品。写字台、衣橱及衣架、茶几、座椅或沙发、床头柜、全身镜、行李架等家具配套齐全、布置合理、使用便利。客房应提供高档家具、装饰和艺术品。客房内满铺高级地毯，或用优质木地板或其他高档材料装饰。

豪华（五星级）酒店的客房类型设置全面。根据酒店星级标准，五星级酒店应有标准间（大床房、双床房）、残疾人客房和两种以上规格的套房（包括至少4个开间的豪华套房）。五星级酒店设置的常见套房类型包括：

1）标准套房。标准套房（又称普通套房）由一个半或两个开间组成。其中一个开间布置为卧室（配有一张双人床，或一张大床）和主卫生间，另一个开间布置为起居室、工作间、餐厅和卫生间。普通套间的租住人群主要是夫妻、中高层的商务旅游或观光旅游的顾客。标准套房是五星级酒店套房的主要类型。

2）豪华套房。豪华套房一般由两个以上开间组成，通常为3~5个开间。其中一个开间布置为卧室（配有一张双人床），其他开间分别布置为起居室、工作间、餐厅、书房和卫生间等。套房间内的家具、设施设备和内部装修都应体现出豪华。

3）总统套房。总统套房通常指酒店内最高级豪华套房，在国内也称为贵宾套房或主席套房等。根据酒店星级标准规定，五星级酒店至少有4开间豪华套房，因此总统套房一般由4至11个不等的开间组成。各开间分别可布置成总统卧室（配有一张大双人床）、总统夫人卧室（配有一张大双人床）、起居室、餐厅、书房、健身房、保安用房和卫生间等。

总统套间的家具选材高贵，内部装修豪华。总统套房通常是五星级酒店内档次最高、装修装饰最豪华的客房。总统套房的租住顾客主要是国家元首、政界要客、商业富豪和文娱界名人等。据统计，北京地区五星级酒店总统套房的平均面积为300平方米左右，北京饭店莱佛士的总统套房达到884平方米（沈鑫，2012）。

4）复式套房。又称"跃层式套间"，一般由不在同一楼层的两个或两个以上开间组成，位于楼上的开间布置为卧室（配有一张双人床）和主卫生间，楼下的开间布置起居室、餐厅和卫生间（洁具数量少于主卫生间），两个开间由客房内楼梯相连。复式套房的顾客主要是夫妻、中高层的商务旅游或观光旅游客人。

5）连通（套）房。连通（套）房是指中间用门洞将两个单间客房相连的客房形式。连通房的主要好处是可以灵活出租，既可作为两个单开间客房出租，也可作为套房出租。

豪华（五星级）客房布草应使用材质高档、工艺讲究的纯棉制品，达到柔软舒适效果，应根据顾客要求提供多种规格的枕头，充分保证顾客休息睡眠的舒适程度。客房应有纱帘及遮光窗帘，遮光效果良好。客房应有防噪声及隔音措施。客房应提供微型酒吧（包括小冰箱）服务，配置适量与适应于顾客需求的酒水和饮料，免费提供茶叶或咖啡，提供冷热饮用水，可应顾客要求提供冰块。客房内应有专用电话机，可以拨打国际、国内长途电话。客房应有画面和音质良好的彩色电视机，播放频道不少于24个，并备有频道目录说明书。

客房内应有装修精致的卫生间，卫生间应采用豪华建筑材料装修地面、墙面和天花板，色调高雅柔和。卫生间应有高级抽水马桶、梳妆台（配备面盆、梳妆镜和必要的盥洗用品）、带淋浴喷头的浴缸（另有单独淋浴间的可以不带淋浴喷头），配有浴帘或其他有效的防溅设施。酒店客房向顾客提供特大号浴巾、香皂、高品质的洗发液和护肤用品。

豪华（五星级）商务型酒店的客房按档次高低不同，可分标准客房和行政客房（即豪华客房），客房楼层可分为标准客房楼层和行政客房楼层（常简称行政楼层）。标准客房楼层的客房由标准客房组成，行政客房楼层由行政客房组成。

行政客房楼层是豪华（五星级）酒店面向高端顾客所提供的豪华客房楼层。其中客房的室内装饰、家具设备、日常用品都比本酒店普通标准客房高档，种类包括标准行政客房以及各种行政套房。行政客房的服务对象主要以商务人士、政府官员以及名人明星为主。行政客房楼层最主要的特点是其中的顾客可以使用配套的行政酒廊。行政酒廊是商务酒店专门为行政客房的顾客提供休息、交流、餐饮和商务支持的配套服务设施。

根据酒店星级标准，五星级酒店在客房中还应设置残疾人客房（又称无障碍客房）。我国最新的《旅馆建筑设计规范（2014）》中，对无障碍客房的基本设施也做出了相应的规定：无障碍客房应设置在距离室外安全出口最近的客房楼层，并应设在该楼层进出便捷的位置；客房入口的净宽度不宜小于 0.9 米；无障碍客房走道净宽不得小于 1.5 米；无障碍客房卫生间门净宽不应小于 0.80 米。

除了能够为顾客提供"舒适、豪华的住宿服务"的客房住宿设施设备，还要配备包括餐饮、商务、会议、娱乐、康体等全面、豪华的服务设施设备，具体包括：①为顾客提供布局合理、环境优雅、空气清新、装饰豪华、氛围浓郁的中餐厅；装饰豪华、格调高雅的西餐厅（或外国特色餐厅）或风格独特的风味餐厅；应有位置合理、独具特色、格调高雅的咖啡厅，提供品质良好的自助早餐、西式正餐，咖啡厅（或有一餐厅）每天的营业时间不少于 18 小时；应有专门的酒吧或茶室，方便顾客多种就餐需求。②应有 3 个以上宴会单间或小宴会厅，提供宴会服务。③应有两种以上规格的会议设施，有多功能厅，配备相应的设施并提供专业服务。④应有康体设施，为顾客提供康体服务。

同时，酒店还要为顾客提供豪华、完备的公共区域与公共设施设备，具体包括：①酒店前厅整体装修精致豪华，有整体风格、色调协调、光线充足，视觉效果良好；②应专设行李寄存处，配有酒店与宾客同时开启的贵重物品保险箱，保险箱位置安全、隐蔽，能够保护顾客的隐私；③前厅及主要公共区域应有符合标准的残疾人出入坡道，配备轮椅，有残疾人专用卫生间或厕位，为残障人士提供必要的服务；④应有效果良好的回车线，并有与规模相适应泊位的停车场，有残疾人停车位，停车场环境效果良好，提供必要的服务；⑤3层以上（含3层）建筑物应有数量充足的高质量客用电梯，轿厢装饰高雅，速度合理，通风良好，备有数量、位置合理的服务电梯；⑥公共区域应有男女分设的间隔式公共卫生间，环境和通风良好；⑦应有商务中心，可提供传真、复印、国际长途电话、打字等服务，有可供宾客使用的电脑，并可提供代发信件、手机充电等服务。

在供应设施设备选择与设计方面，豪华（五星级）酒店除了在整体上应贯彻"安全、高效、节能、环保"原则外，适应对高端商务旅游者和休闲度假者餐饮服务高品质需求，参照酒店星级标准，内容与要求包括：①应有中央空调（别墅式度假饭店除外），各区域空气质量良好；②应有公共音响转播系统，背景音乐曲目、音量与所在区域和时间段相适应，音质良好；③应有应急照明设施和应急供电系统；④应有充足的员工生活和活动设施。

（3）服务设计。在豪华（五星级）酒店，顾客不仅可以获得高品质的物质享受和精神享受，而且可以享受到高品质的服务。

适应于豪华（五星级）酒店盈利源的价值需求，酒店应精心设计提供舒适、豪华、全面的客房服务。根据酒店星级标准，五星级客房应提供的客房服务主要包括：①客房、卫生间应每天全面整理一次，每日或应顾客要求更换床单、被套及枕套，客用品和消耗品补充齐全，并应顾客要求随时进房清理。②应提供使用方便的互联网接入服务。③应提供客房微型酒吧（包括小冰箱）服务，配置适量与住店宾客相适应的酒和饮料，免费提供茶叶或咖啡。提供冷热饮用水，可应宾客要求提供冰块。④应提供顾客衣物干洗、湿洗、熨烫服务，可在24小时内交还顾客，并可提供加急洗衣服务。⑤应提供效果良好的开夜床服务。⑥应提供24小时的送餐服务，送餐菜式品种不少于8种，饮料品种不少于4种，甜食品种不少于4种，有可挂置门外的送餐牌，送餐车应有保温设备。⑦应提供自动和人工叫醒、留言及语音信箱服务。⑧应提供顾客在房间会客服务，应顾客的要求及时提供加椅和茶水服务。⑨客房内应备有擦鞋用具，并提供擦鞋服务。

豪华（五星级）酒店还应提供公共区域服务、专门服务和附加服务，以豪华、全面、高品质的服务满足顾客需求：①应提供礼宾服务，有的酒店还会提供金钥匙服务；②总服务台位置合理，接待人员应 24 小时提供接待、问询和结账等服务，并能提供留言、总账单结账、国内和国际信用卡结算、外币兑换等服务；③应有专职行李员，配有专用行李车，24 小时提供行李服务，提供小件行李寄存服务；④应提供代客预订和安排出租汽车服务；⑤提供高品质的自助早餐和宴会服务；⑥提供专业化的会议服务；⑦提供恰当的康体服务；⑧提供或代办市内观光服务。

实践中，豪华（五星级）酒店在康体、娱乐等服务设施设备的建设上，一般会提供高档、豪华的游泳室、桑拿室、棋牌室、健身房，有的还设置乒乓室、壁球室甚至篮球馆、保龄球馆等。

（4）环境氛围与品牌形象设计。豪华（五星级）酒店作为星级水平最高的豪华型消费场所，顾客对于酒店的环境氛围和品牌形象有着很高要求。豪华（五星级）酒店的建筑结构除了满足建筑设计要求外，建筑物外观和结构应有鲜明的特色，可以选择古朴、典雅、简约、华丽等特色。酒店建筑物内外装修应采用高档材料，符合环保要求，工艺精致，整体氛围协调，形成豪华、美观、气派的环境氛围。同时，豪华（五星级）酒店要通过自身全方位的努力，在顾客市场特别是商务顾客市场中，确立起独特的、高端的、豪华的品牌形象，为赢得顾客信任和市场竞争力奠定基础。

7. 奢华（超五星级）酒店盈利点设计

这里所说的奢华酒店是指在酒店的硬件标准、软件（服务）标准、品牌形象等方面，社会对该类酒店认知已经超越了对五星级酒店标准的理解，成为社会公认的一种奢侈豪华型产品，顾客在该酒店的消费已经成为一种奢华型消费。

人们通常以超五星级来形容这种酒店。当然实践中，这类酒店的星级水平可能是五星级水平，也可能没有申请星级评定，但是其实际标准和社会认知已经超越了五星级水平，其中包括那些尽管规模较小，但软硬件标准和品牌形象已经达到奢华程度的精品酒店和主题酒店。

奢华（超五星级）酒店面向的盈利源（即目标顾客群）与豪华酒店的盈利源大体相同，仍然是大型集团公司的最高层公司管理者、娱乐界的明星、位高权重的政界人物及其他社会富有人士及其家庭，不同之处是其盈利点集中于其中数量更少，需求层次更高，支付能力更强，基本上对价格因素不予考虑，追求更加奢华消费和享受的人士和家庭。奢华（超五星级）酒店盈利源的价值需求集中体现为"奢华、气派和尊贵"。

奢华（超五星级）酒店所提供的综合服务设施设备豪华程度和服务水平显著超过一般豪华（五星级）酒店。奢华（超五星级）酒店从总体上讲，通常建筑造型奇特、装修富丽堂皇、家具设备豪华精致、服务水平一流。而且，奢华酒店同其他奢华产品一样，具有显著的攀比效应，奢华（超五星级）酒店的奢华程度越来越超乎人们的想象，套用日常用语"没有最奢华，只有更奢华"来表述奢华（超五星级）酒店的奢华程度更为贴切。

对于奢华酒店每间标准客房的建筑面积和投资规模来说，可以说是只有下限，没有上限。奢华（超五星级）酒店盈利点设计主要内容包括：

（1）地理位置选择。为了满足奢华（超五星级）酒店顾客的奢华型价值需求，同时奢华（超五星级）酒店的投资规模往往没有上限约束，因此奢华（超五星级）酒店在地理位置的选择上具有更大想象空间。

奢华（超五星级）酒店既可以选择在经济发达、商业繁荣、交通快捷的城市中心商务区和交通枢纽附近，建成为商务型奢华（超五星级）酒店，也可以选择在风景名胜区附近，建成为名胜区奢华（超五星级）酒店，还可以选择地下、海下，甚至未来可以选择外太空，以便更好地满足目标顾客奢华型的价值需求。

（2）设施设备设计与选择。奢华（超五星级）酒店在进行设施设备选择时，不仅要满足顾客住宿、餐饮、商务、会议、娱乐、康体等全面服务需求，更要充分满足顾客"奢华、气派、尊贵"的价值需求。

在客房规模上，奢华（超五星级）酒店通常和豪华（五星级）酒店相当，一般规模也在 300~600 间。当然，同时存在一些精品型的奢华（超五星级）酒店，其客房规模只有几十间，甚至只有十几间，但是软硬件的奢华程度足以超越五星级水平。

奢华（超五星级）酒店的客房面积通常大于一般五星级酒店的客房面积。例如，世界知名的奢华（超五星级）酒店丽思—卡尔顿酒店的建筑和设施标准《丽嘉标准》，规定标准客房最小面积是 42 平方米，北京金融街丽思—卡尔顿酒店标准客房的净面积达 50 平方米（沈东莓，2006）。

同时，奢华（超五星级）酒店客房的配套设施与设备在质地、规格、品牌等方面也高于豪华（五星级）酒店，以充分体现其奢华性。例如，有些奢华（超五星级）酒店的客房家具会使用珍贵、稀有的红木家具制造，采用高档优质的床上用品、世界知名的卫生间洁具、奢侈品牌的洗发液和护肤用品等。

在餐饮、商务、会议、康体和娱乐等配套服务的设施设备选择时，除了通过空间设计、规格设计、材质与材料选择、装修装饰风格选择等途径体现奢华与气派外，还可以通过无障碍通行设计、专属通道和专属空间设计，体现对目标顾客的全方面尊重并满足其隐私需求。

在公共区域的设施设备方面，奢华（超五星级）酒店同样会选择高规格、大品牌和特殊材质进行装修装饰，使酒店的公共设施设备既富丽堂皇、气派非凡，又精巧别致、别有风味。

在供应设施设备选择与设计方面，奢华（超五星级）酒店除了在整体上应贯彻"安全、高效、节能、环保"原则，更要为充分满足顾客"奢华、气派、尊贵"的价值需求提供保障。例如，丽思—卡尔顿酒店非常重视消防问题，当地方法规与《丽嘉标准》有出入时，丽嘉会按照更高更严的要求来执行。例如，所有安全出口的照明必须常开；即使开启窗扇能满足自然排烟的要求，也要考虑机械排烟。因为一旦着火，顾客的任务是及时疏散，没有义务去开窗，而机械排烟是酒店消防系统的一部分，酒店是可以控制的，这样能够为顾客提供更加安全的保障（沈东莓，2006）。

《丽嘉标准》对机电部分的总体要求是安全、高效、经济、易维护、隐蔽。在选择系统、计算参数和指标时首先考虑的是更安全和更舒适。"隐蔽"指的是机房和设备检修口（板、门）都不能暴露于公共视线之内。盘管、阀门等尽量不放在吊顶内，而是在设备间，这样一来便于检修，二来有利于避开公众视线进行操作，既便于检查员工的操作，更体现对顾客的充分尊重（沈东莓，2006）。

（3）服务设计。奢华（超五星级）酒店不仅像豪华（五星级）酒店一样，为顾客提供高品质的住宿、餐饮、商务、会议、康体、娱乐等全面服务，而且其服务标准和品质显著高于豪华（五星级）酒店，充分体现对顾客"奢华、气派、尊贵"的满足。

奢华（超五星级）酒店通常会为贵宾顾客提供私人专属"管家服务"。当顾客入住酒店后，私人管家就成为其家庭成员之一，为其提供个性化、一站式、全方位的服务，包括照顾顾客的一切饮食起居的服务，为顾客提供接送机、预订（酒店、机票等）、租车等服务，协助其享受酒店的所有服务，随时解决顾客在酒店中遇到的各种问题。通过私人专属"管家服务"，顾客"奢华、气派、尊贵"价值需求得到充分满足。

（4）环境氛围与品牌形象设计。奢华（超五星级）酒店作为超越传统最高星级水平的奢侈、豪华型消费场所，顾客对酒店的环境氛围和品牌形象有着极高的要求。奢华（超五星级）酒店的建筑结构除了满足建筑设计要求外，应通过建筑物外观、建筑结构、装修装饰充分体现出奢华、气派的风格。如果酒店建筑具有特别的历史、文化或典故，在酒店设计过程中，可以充分利用和挖掘，增加奢华酒店的历史厚重感，渲染出更加奢华的环境氛围。

奢华（超五星级）酒店对于品牌形象的依赖性更强，一旦酒店在奢华型酒店市场中确立独特且知名的品牌形象，将为酒店创造非凡的市场竞争力和盈利能力。当然，奢华（超五星级）酒店品牌形象的建立，除了需要拥有奢华、气派的硬件资源，还需要周到、出众的软件资料与服务。

案例

奢华酒店的代表——迪拜七星酒店①

世界上最知名超豪华酒店是位于阿拉伯联合酋长国的第二大城市迪拜的 Burj Al-Arab 酒店（音译伯瓷，又称阿拉伯塔）。该超豪华酒店是在迪拜王储的提议下，由当地知名的企业家 Al-Maktoum 投资，由英国设计师阿特金斯（W.S.Atkins）从伊斯兰风格中获取灵感，融合西班牙的阿尔罕布拉宫和埃及亚历山大港口的风格，精心设计，造价高达 30 亿美元，隶属于茱美拉（Jumeirah）集团。该酒店是世界上酒店业内公认的唯一一家七星级酒店。

该酒店位于迪拜海滨离海岸线 280 米的一个人工岛上，工程于 1994 年开工建设，共花了 5 年时间，其中前两年半时间用于填海建人工岛，后两年半时间用于建筑酒店，于 1999 年底开业。该酒店建筑用了 9000 吨钢铁，并把 250 根基柱打在 40 米的深海之下。酒店建筑采用双层膜结构，外观造型轻盈、飘逸，外形像一个帆船的塔形建筑，因此又称阿拉伯塔。酒店一共 56 层，202 间客房，321 米高。曾经是最高的酒店，比法国艾菲

① 谢浩. 用黄金打造的阿拉之星——迪拜帆船酒店 [J]. 上海建材，2014（4）：27-28.

尔铁塔还高。

该酒店外观以水上的帆为造型，内部也与水有联系的主题相关，在水资源无比珍贵的沙漠地区，这样做更加彰显出酒店的实力与奢华。酒店大堂建有两个巨大的喷水池，各有不同的喷水方式，每一种都经过精心设计，每15~16秒就变换一次喷法。酒店内乘坐电梯时可以同时欣赏到高10多米的水族箱。酒店到处充满阿拉伯皇宫般的奢华气息。酒店内部大厅、中庭和套房全都金碧辉煌，主要用具和饰品都用黄金镀成，连客房的门把、水龙头、烟灰缸都镀满黄金。据说光是这些镀金就耗费了30吨纯黄金。酒店建筑内部还有一个世界上最高的中庭，高达180米。

由于该酒店采用膜结构设计，白天在阳光的照射下，由膜覆盖的建筑物内部充满自然漫射光，室内的空间视觉环境开阔和谐。夜晚，建筑物内的灯光透过覆盖的膜照亮夜空，建筑物的体型显现出梦幻般的效果。

所有的202间房皆为两层楼的套房，客房面积从170平方米到780平方米不等。酒店每个房间的地板都用名贵的大理石铺设，上面还铺有高档柔软的地毯。房间的灯光彩色来自于室外的沙漠，墙上挂的全为真迹的世界名画。

所有房间的卫生间都超过25平方米，设有巨大的浴缸。浴室里所有卫浴用具都是爱马仕的牌子，包括古龙牌香水。

酒店最大的客房总统套房在酒店的第25层，面积达780平方米，拥有两间卧室，两间起居室，一个餐厅，装饰典雅辉煌，家具都用黄金镀成，呈现出金碧辉煌的皇宫之感，还设有私人电梯、私人电影院、旋转睡床和阿拉伯式会客室，内设一个电影院，出入有专用电梯。

总统套房全部是落地玻璃窗，躺在床上即可以欣赏到一半是海水、一半是沙漠的风景。套房最低房价要900美元，最高的总统套房则达18000美元。还不包括给服务生的小费。酒店提供周到管家式服务，平均每六名服务人员照顾一位顾客。最令人吃惊的是一进房间，居然有一个管家等着跟你解释房内各项高科技设施如何使用。因为酒店豪华尊贵的服务宗旨就是务必让每一位顾客有阿拉伯油王的感觉，堪称世界级奢华服务的代表。

另外，酒店内还有超过7000平方米、多达48个会议厅，其中的大礼堂十分宏大，可以同时容纳2800人。酒店还设有各种不同风格的餐厅以及优良的休闲运动设施。顾客只需搭乘快速电梯，30秒内便可直达200米高空的餐厅，进入太空式设计的餐厅，蓝绿为主的柔和灯光加上波浪形屋顶的衬托，足以让人感到强烈的时空感。餐厅可容纳140名顾客，晚餐之际，夜空璀璨，环观迪拜的天空和海湾美景。顾客还可以乘坐酒店专用的小型潜水艇缓缓进入海底餐厅，顾客在就餐的同时还可以欣赏美丽的海底景观。

该酒店提供机场接送服务，接送车辆中有8辆宝马和2辆劳斯莱斯。根据客人要求，甚至可以提供直升机接送服务，在15分钟的航程里，率先从高空鸟瞰迪拜的市容，欣赏壮丽的景观后，直接落在酒店28楼的直升机坪。

该酒店的豪华程度令人叹服，评论家不知道该将其评定为几星，所以该酒店成为世界上大家公认的唯一一家"七星级酒店"。

第七章
酒店盈利杠杆

第一节　酒店盈利杠杆含义与作用

盈利杠杆是指酒店将资源转化为产品和服务，以满足盈利点价值需求的一系列业务活动。盈利杠杆可以反映企业投入与产出效果。

酒店盈利杠杆的作用是应用价值链、供应链、营销渠道等多种有效工具与手段，"低成本、高效率"地生产酒店产品，"低成本、高效益"地营销酒店产品，最终在满足顾客价值需求的前提下，为顾客创造价值，同时为企业赢得利润。

利润杠杆主要由酒店企业价值链杠杆、酒店产业价值链杠杆、酒店产业供应链杠杆、酒店营销渠道杠杆和酒店收益管理杠杆综合构成。

第二节 酒店企业价值链杠杆

应用酒店企业价值链工具，可以分析和研究酒店利润与顾客价值是如何设计、变革和创新的。酒店企业价值链是进行酒店盈利模式设计、运用与创新的重要工具。

一、酒店企业价值链的理论基础

酒店企业价值链的理论基础是迈克尔·波特（Michael Porter）的价值链管理理论。迈克尔·波特在对工业制造企业进行大量调查研究的基础上，提出了价值链概念及其理论。迈克尔·波特（2005）认为，价值链是一系列连续的活动，包括从原材料转换成最终产品并完成销售的整个过程，是指"每一个企业用来进行设计、生产、营销、交货以及对产品起辅助作用的各种活动的集合"。

企业所有这些活动都可用价值链来表示，由此构成了企业内部价值链，见图 7-1。波特进一步将价值链中活动划分为基本价值活动和辅助价值活动。

基本活动是涉及产品物质创造及其销售、转移给顾客和售后服务的各种活动。在任何企业中，基本活动都可以划分成如图 7-1 所示的包括内部物流、生产经营、外部物流、市场营销和服务的五种活动。辅助活动是辅助基本活动，并对整个价值链起支持作用的活动，辅助活动包括采购、技术开发、人力资源管理和企业基础设施四种活动。

企业各种活动是企业为顾客创造价值的基础。企业利润是企业活动所创造的总价值与从事各种活动所耗用总成本之差。因此，支撑企业盈利水

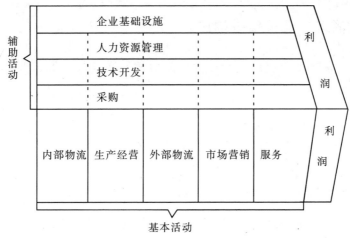

图7-1　基本价值链

资料来源：迈克尔·波特.竞争战略 [M].陈小悦译.北京：华夏出版社，2005.

平与竞争优势的基础是企业的各种活动的效用。于是，企业价值活动的分析、设计与创新就构成企业盈利杠杆和企业盈利模式设计的重要内容。

迈克尔·波特的价值链是以一般工业制造企业为研究对象的。同时，波特进一步指出，根据企业所在产业不同，每一种类型的活动对于企业价值创造与竞争优势的重要程度并不相同，对于批发商而言，进货和发货的物流管理最为重要。但是，对于像酒店或零售店这样提供服务的企业而言，外部物流可能在很大程度上根本不存在，而经营则是关键。

正如迈克尔·波特（2005）指出，酒店作为一种服务型企业，其价值实现与创造过程同一般工业制造企业相比，有着较大区别。一般工业制造企业首先通过应用先进生产技术，进行新产品研究开发与试制，然后进行产品生产，最后经过营销等环节将产品售卖出去，顾客进行产品使用与消费，满足自身需求。工业制造企业的生产环节与顾客的消费环节分开进行，绝大多数生产人员只与产品接触，不直接与顾客接触。

二、酒店企业价值链构成

酒店作为服务企业，生产经营产品的相关活动与一般工业制造企业有很大的不同。

顾客在酒店消费产品不是一种单一产品，而是一种组合产品，包括：①有形产品，如食品、饮料等；②无形产品——服务，包括员工的服务态度、服务技能、服务效率、服务品质等；③感观产品，如酒店的建筑外观、装修装饰风格、外部环境、内部氛围等；④体验产品，如酒店设施设备功效、品牌、形象等能够带给顾客心理上的感受的东西。

同时，酒店生产经营存在"生产、交换与消费同步"，酒店的硬件设施、服务人员都直接与顾客接触，在相互接触中完成生产、营销、交换与消费，不经过产品的存储、运营和销售等中间环节。

酒店企业通过产品为顾客创造价值，并实现自身利润的过程主要包括生产和交换两个环节。同时，酒店企业的生产和交换过程通常是不可分割的，服务人员提供有形产品的生产过程，也即是无形产品——服务的提供过程，同时还是组合产品的营销过程，并且也是顾客享受酒店产品的消费过程，即产品生产活动的同时，也完成了产品交换过程，实现了价值创造和获得利润。

根据波特价值链理论，从"低成本、高效率、高效益"的满足顾客价值需求角度出发，结合酒店生产经营特征、价值创造与实现过程，酒店的价值链由如图7-2所示环节与活动构成。

如图7-2所示，酒店企业价值链主要由基本活动和辅助活动两大类构成。基本活动由形成酒店产品整个流程的各个活动构成，具体包括产品研发与创新、物资采购、生产（服务）与营销以及客户关系管理（Customer Relationship Management，CMR）四种活动。辅助活动是由对基本活动起保障和支持作用的各种活动组成，具体包括酒店基础设施、人力资源管理、

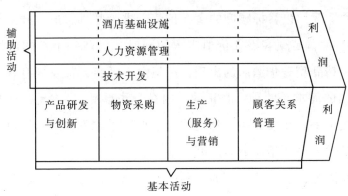

图 7-2 酒店企业价值链

技术开发三种活动。

企业酒店价值链上的辅助活动、基本活动并不存在主次之分，它们都是顾客价值、酒店利润的直接来源。仅是利用价值链这一模型，将酒店企业价值创造的全过程中的各项活动整合起来，而不是为了强调哪个活动重要，哪个活动次要。

构成酒店企业价值链的主要活动具体内容如下：

1. 酒店产品研发与创新

酒店产品研发与创新活动是酒店盈利点设计的重要组成部分。酒店产品是一种特殊的综合产品，包括有形的实物产品和无形的服务。有形的实物产品包括各种有形的设施、设备，如客房、餐厅、商务中心、健身房等，以及酒店提供的餐饮产品。无形的服务则包括酒店提供的各种服务，服务员的仪表、礼节礼貌、服务态度以及服务效率等。

酒店在进行产品研发与创新时，应始终围绕酒店盈利源（目标顾客）的价值需求进行，核心是以恰当的手段（即产品）去满足目标顾客的价值需求。在酒店盈利源的分析中，不同的盈利源有不同的价值需求，通过对酒店盈利源的深入、细致的分析，挖掘出盈利源的真正价值需求，为酒店能够研发与创新出顾客所需要的产品奠定基础。酒店产品设计与创新可以分为两种情况。

第一种情况，以目标顾客的潜在价值需求为基础，通过开发与创新全新的产品，在满足顾客潜在价值需求的同时，创造一个新的市场或顾客群。例如，精品型奢华酒店的出现，正是由于酒店人员发现有些高端顾客对酒店产品的需求是一种"真正的、内在奢华享受"；相反，这些顾客对酒店的星级水平、规模大小、外在的奢华与气派并不在意，针对这一目标市场，开发出奢华型精品酒店产品与市场。

第二种情况，在已经存在的各种产品基础上，通过局部创新，使之具有某些新的特征或特性，或在质量、性能等方面明显优于同类酒店，能够更好地满足顾客的价值需求，从而吸引新顾客或增强对原有顾客的吸引力。例如，有些酒店通过酒店客房产品创新，引入新技术、智能化的设施设备，吸引年轻的、对现代信息技术感兴趣的需求顾客，有效地提升了酒店的市场影响力和盈利水平，有些酒店针对餐饮有特殊需求的顾客，定期或不定期创新和推出新型餐饮产品，同样取得不错的市场宣传和经济回报。

2. 酒店物资采购

酒店物资采购是酒店价值链中重要一环。酒店物资采购对酒店产品品质保障、维系酒店的正常运转、满足顾客价值需求和成本控制有着非常重要的作用。只有从顾客价值需求出发，严格按照酒店产品生产经营需求，科学进行物资采购，才能使酒店物资采购工作发挥价值转移和价值创造功能，服务于酒店经营管理需要。

酒店采购的对象包括原材料、低值易耗品、设施设备等。在酒店总成本构成中，物资采购成本占到很大比重。

2000年，美国酒店协会曾对786间酒店进行了一项专题调查，统计并分析了每家酒店当年用于日常运营、维修、维护的采购项目的总费用（不包括用具、劳动力成本、外包项目及其他属于固定资产类的大宗采购费用），调查结果显示，1999年这些酒店的平均采购总费用约为其营业总收入的 11.7%（容莉，2003）。在国内，酒店业内人士认为，国内中型酒店一年的采购费一般都不低于 200 万元。在酒店餐饮成本中，食品、酒水和调料等原材料的采购成本通常占到餐饮成本的 30%~40%。

酒店物资采购质量对酒店产品的生产品质有着关键性影响。高效率物资采购对酒店价值创造发挥着强大的支持与促进作用，相反低效率物资采购对酒店价值创造将起到强大的破坏作用。从某种意义上讲，酒店物资采购是酒店经营中潜力巨大的金矿，所以有效的物资采购管理对酒店管理非常重要。

为提高酒店价值创造的能力，适应于酒店满足顾客价值需求，酒店对物资采购活动进行控制可采取以下基本制度和措施：

（1）强化价值创造意识，确立优秀采购文化。酒店应通过多种渠道，采用多种方式，继续不断地向全体员工宣传酒店采购对酒店经营的重要性，使员工明白酒店采购不仅仅是一种简单的商品采购交易，而且是为顾客创造价值，为企业创造利润的重要一环。形成全员"注重采购品质，节约采购成本，提高采购效率"的意识，形成一种优秀的企业采购文化。

（2）加强组织领导，健全采购机制。酒店应建立从总经理、采购部门经理到采购组长的组织领导体系，建立和健全分工负责制，定期召开采购协调会议。同时，围绕采购建立和完善各种采购申请、审批、报价、询价、验收、保管、出入库管理制度，加强采购内部控制，降低采购成本与风险。

（3）认真选择人员，科学职责分工。在选择采购人员时，注重对采购人员的职业道德和个人信用评估，使真正具有认真负责、公正廉洁道德品质的人从事采购工作。同时，采购主管和采购员的职责要分工明确。应避免所任用的采购人员与酒店高层领导间存在亲属、朋友关系。

（4）充分利用信息技术，提高采购效率和透明度。酒店应充分利用先进信息技术，积极利用网络通信和电子商务技术，实施电子采购。通过电子采购，既可以提高采购效率，降低采购成本，还可以使采购环节透明化，减少采购人员的舞弊行为。

另外，利用先进信息技术和电子采购，还可以使酒店库存与供应商供应更好结合，实现按需订制，准时供应，降低采购成本与风险，提高酒店价值创造和盈利能力。

同时，酒店的采购活动是酒店产业价值链和供应链的重要环节，要与整个酒店产业的合作厂商保持良好的合作关系，充分利用酒店产业价值链和供应链，提高酒店的采购效率，降低酒店的经营成本，甚至可以把酒店采购上升成为酒店一个盈利屏障，为酒店的盈利和价值创造提供强大支持与有效保障。

3. 酒店生产（服务）与营销

酒店的生产（服务）活动是酒店员工将各种资源，如物质资源、人力资源、财务资源、信息资源、关系资源等转化为顾客所需要的产品，从而为满足顾客价值需求，为顾客创造价值的活动。

酒店生产（服务）与工业制造企业生产不同，存在"生产、交换与消费同步"，酒店的硬件设施、服务人员都直接与顾客进行面对面的接触，双方进行实时、互动的交流与沟通。

酒店服务人员要随时处理顾客各种各样事先很难预期的要求，这样就对酒店服务人员的服务技能、服务水平提出更高要求，并且服务质量成为影响顾客满意和价值感知的重要因素。

同时，由于酒店生产（服务）经营存在"生产、交换和消费"的"同步性"，酒店产品的生产（服务）过程中，同时也是酒店向顾客面对面的展示自身产品品质，赢得顾客满意，吸引顾客再次交易和消费的营销过程。

为了更有效地满足顾客价值需求，为顾客创造更多价值，酒店经营应围绕"全程化、个性化、精细化、情感化"形成基于顾客价值的生产（服务）与营销。

（1）全程化生产（服务）与营销。顾客在酒店的消费是由前厅接待、客房住宿、餐厅就餐、空间休闲娱乐、前厅离店等环节组成的"多空间、跨时间"的过程消费，由此决定酒店的生产（服务）也是"多空间、跨时间"生产（服务）与营销过程。

在生产（服务）与消费过程的大多数时间里，酒店员工和顾客始终处于直接接触状态，员工所进行产品的生产（服务）过程，同时也是向顾客营销酒店产品的过程。例如，酒店前台接待员以得体的仪表、热情高效的服务为顾客提供接待服务过程，也是赢得顾客对酒店产品认可的过程，同时也是酒店产品营销展示的过程。于是，融营销活动于生产（服务）活动于一体，贯穿了酒店顾客消费的全过程。

酒店产品这种集产品生产与营销、顾客消费于一体的独特性，使得酒店员工有更多种空间与机会，充分向顾客展示酒店产品，向顾客传递自身产品信息，给顾客创造价值，使顾客充分认识、理解、认可和欣赏酒店产品给自身创造的独特体验与价值，从而赢得顾客的满意与忠诚。

（2）个性化生产（服务）与营销。由于每一个顾客对酒店产品的价值需求都存在独特性，酒店需要在力所能及的范围内，尽可能按照每一位顾客独特的价值需求提供个性化的产品与服务。与标准化、流程化产品与服务相比，个性化服务更能符合顾客的价值需求，更能赢得顾客的认可和赞赏，其营销效果也更显著。

酒店个性化的生产与营销，本质上来源于酒店顾客价值需求的动态性。不同的顾客对酒店产品有着不同的价值需求，即使同一个顾客在不同的时空状态、不同的生理阶段、不同的收入与财富状态下，也有着不一样的价值需求。顾客价值需求的动态性同样决定了酒店必须重视生产与营销的个性化，这样才能恰当、有效地满足顾客个性化的价值需求，进而为酒店创造更大的盈利。

（3）精细化生产（服务）与营销。酒店生产产品和服务的精细化，本质上来自于酒店顾客价值需求的多样化和生活化。

人们对一般工业制成品的价值需求在于其能够满足工作或生产活动中某一方面特定的需求。相反，顾客在酒店中对酒店产品的需求，通常会涵盖旅游活动中"吃、住、行、游、购、娱"各个环节的全部内容或局部环节，由此造成酒店顾客具体价值需求的多样化。

同时，旅游活动是在异地（或称非惯常环境）中进行的生活化活动，与日常生活需求一样，顾客对酒店的需求通常是一种细节性、琐碎化的需求，这同人们对高技术产品所追求的革命性、突破性、创新性的需求形成鲜明对比。

为了更好地满足顾客多样化、个性化的价值需求，酒店应对一切生产（服务）活动都要做到精益求精、细致周到。只有做到个性化服务基础上的精细化服务，才能更好地满足顾客独特的、多样化、全方位的价值需求，使顾客享受酒店全面优质的服务，这样顾客可以获得真实的被尊重和被感动的体验，这种体验与感动比酒店通过常规营销手段进行营销更为有效。

（4）情感化生产（服务）与营销。顾客对酒店产品的需求，不仅包括有形的物质需求，还包括无形的精神需求和情感需求。顾客对有形物质产品的需求无论从质的方面，还是从量的方面，往往是显著的、有限的，而对无形的精神的、情感的需求，往往是内涵的、无限的。酒店除了要充分利用有限的物质资源满足顾客物质方面的需求，更要充分利用酒店员工这种宝贵资源，通过员工饱含情感的无形服务，尽可能满足顾客精神的、情感的需求。

同时，绝大多数酒店产品的生产（服务）与营销是在与顾客面对面的直接接触中进行的互动性交流与沟通。在互动性交流与沟通中，双方更有机会进行情感交流。员工通过自己热情而真诚的服务，很容易引起顾客的情感共鸣，对酒店产品产生更加美好的感受体验，形成美好的经历与回忆，满足顾客对酒店的情感价值需求，这样所起到的营销效果将更加有效。

4. 酒店顾客（客户）关系管理

酒店企业价值链与一般工业制造企业价值链基本活动的最后一环不同。一般工业制造企业价值链基本活动的最后一环是"售后服务"。工业制造企业售后服务的价值与作用是消除企业产品存在的质量问题，减少顾客不满情绪，弥补不合格产品给顾客造成的损失，很少为顾客创造新的价值。

相反，酒店企业价值链基本活动的最后一环不是"售后服务"，而是"顾客（客户）关系管理"。原因在于酒店企业作为服务企业，酒店期望顾客对酒店产品的消费，不是一次消费，而是一个持续性、重复性的"有始无终"的消费。一次消费的结束，同时是下一次消费的开始。酒店需要通过"顾客（客户）关系管理"活动，使顾客成为满意和忠诚顾客，双方建立长期稳定的伙伴关系。

1993 年，全球最具权威的 IT 研究与顾问咨询公司 Gartner Group 提出顾客关系管理的概念，指出"顾客关系管理（CRM）是指通过围绕顾客细分来组织企业，鼓励满足顾客需要的行为，并实现顾客与供应商之间的联系方式，来提高盈利、收入和客户满意度的，遍及整个企业的商业战略"。这一概念强调顾客关系管理作为企业的商业战略，按照顾客细分来分配企业资源，以实现企业利润最大化和客户满意为根本目的的。

酒店价值链中的顾客管理关系是持续满足酒店顾客的价值需求，为顾客持续创造价值的基本活动。具体来说，它是以持续关注目标顾客的价值需求及其变化，并通过适宜的方式与顾客建立长期稳定的伙伴关系，最大限度地为顾客创造价值，不断拓展酒店产品市场和利润的活动。

酒店价值链的顾客关系管理活动包含三个方面的内容：

（1）获取顾客价值需求信息，并识别有价值的顾客。酒店获取顾客需求的方式有许多种，常规方式有顾客走访、宾客意见函、顾客问卷调查、顾客座谈会，新型方式有网络点评、在线问卷调查等。

（2）保持与有价值顾客，特别是核心盈利源类顾客和风险盈利源类顾客的合作关系，为酒店创造更多的盈利机会。通过酒店会员管理、VIP顾客回访或回馈活动等多种方式，重点关注核心盈利源顾客和风险盈利源顾客对酒店产品与服务价值的感知与体验，即时发现这些顾客对酒店产品与服务的意见和建议，改进酒店的产品与服务，更好地服务于这些重要顾客，保持酒店盈利的稳定性和增长潜力。

（3）通过客户价值增值活动，提高顾客满意，培养顾客忠诚，避免其转向竞争对手。由于酒店产品的模仿不存在很高的技术壁垒，因此酒店的优势产品很容易被其他酒店模仿，进而失去新颖性和独特性。同时，顾客在消费酒店产品过程中，酒店产品的新鲜感存在显著的边际递减效应，很难长期保持对特定顾客的吸引力，而酒店的核心产品，如"住宿、餐饮"又很难进行突破性创新。这样，酒店吸引和留住顾客的常见手段是通过提供或创新附加产品或增值服务，提高顾客满意，培养顾客忠诚，从而留住既有顾客，并吸引新顾客。

5. 酒店基础设施

酒店基础设施活动包括酒店建设与投资所涉及的酒店选址、建造装修、购置基础设备等。这些活动通常会形成企业的固定资产或其他长期资产，对酒店投资回报和经营活动将产生长期影响。

酒店基础投资越多，未来需要回收的投资成本就越多，由此给未来造成的经营和盈利压力就越大。因此，围绕酒店基础设施的活动都应慎重决策，其根本原则是所有涉及酒店基础设施的活动都应有利于满足顾客的价值需求，有利于增进顾客的价值感知。

例如，酒店选址时应便利于旅游者旅游活动中的住宿需求，有利于降低旅游者的住宿活动的成本支出，有利于满足旅游者自发性旅游（如休闲、度假、观光、会议等）的实现。酒店在设计或购置基础设施设备时，在满足旅游者功能性价值需求的前提下，合理降低投入，以满足酒店的盈利要求和降低顾客的成本支出。

6. 人力资源管理

酒店需要给顾客提供无形的服务产品，没有酒店员工的服务活动，酒店就无法为顾客创造价值，酒店员工是酒店最重要的资产，同时也被称为酒店的第一生产力。

对于酒店价值链中的人力资源管理活动，要围绕"为顾客创造价值"理念，适应于酒店人力资源管理的特点，培养一支高素质人力资源队伍。具体来说，就是培养一支具有"服务性、实践性和创造性"的高素质酒店人员资源队伍。

（1）服务性。"服务性"是对酒店员工首要要求和基本要求。在酒店行业和企业，要成为一名合格的员工，必须具有强烈的服务意识，从内心乐于为顾客和他人服务。从根本意义上讲，一个企业价值大小，不在于企业的规模与盈利，而在于它借助自身的产品与服务，为顾客创造价值的大小。同时，一个人人生价值的大小，并不在于他拥有财富的多少和权力的大小，而在于他通过自身行为，为他人和社会创造价值的大小。

从这种意义上说，一个企业甚至包括一切组织都是服务于其他群体或个体的组织，任何人的人生都是服务于他人的人生。一个组织或个人通过自身行动，为其他组织或个人创造价值的多少，是衡量这个组织或个人自身价值大小的一把标尺或一面镜子。

酒店是服务企业，酒店产品以服务为主，这要求酒店人力资源管理在员工招聘、培训、考核、激励和提升等方面把"服务"作为核心，在招聘时要注重选择具有服务意识的人才，在培训中要注意树立和强化员工的服务意识和服务技能，在考核、激励和提升时要使具有服务绩效、能够为顾客创造价值的员工得到优先的发展机会和相应报酬。

（2）实践性。酒店员工的实践性是指酒店员工勇于为顾客、他人和酒店创造价值的意识和实践行为。酒店员工的服务不能永远停留在意识和思想状态，也不能只停留在语言之中，必须通过自身的实践服务行为，才能为在顾客创造价值的过程中，同时为酒店创造利润和实现自身价值。

在酒店这个直接为顾客提供服务产品的组织中，酒店的绝大多数员工都需要在与顾客的直接沟通中为顾客提供服务。酒店员工不仅需要很好的语言表达能力，更需要高水平的实践操作能力。因此，酒店人力资源管理既要注意对具有实践意识和实践行为员工的聘用、选拔和任用，又要注重对员工服务操作素质与能力的培训与提升，培养和形成一支具有实践性的人力资源队伍。

（3）创造性。酒店生产（服务）经营存在"生产、交换和消费"的"同步性"，决定了酒店的生产（服务）活动需要在顾客的参与下进行，而顾客是具有自身思维和情感的能动性个体。员工很难准确预期顾客下一步会有什么样的需求和期望，而顾客一旦提出需求和期望，就需要员工及时做出恰当回应。这不仅要求酒店员工具有快速反应的应变能力，更需要具有创造性地为顾客提供个性化高价值服务的能力。

当然，酒店员工的创造性，同大家所熟知的高科技企业员工的创造性存在显著的差别。大家所熟知的高科技企业员工的创造性，往往表现为通过技术方面的突破性或革命性创新，形成不同于以往的突破性或革命性产品，从而在较大范围内对人类生活产生积极影响和变化。

与此不同，酒店员工的创造性，往往表现在对顾客提供服务的过程中，针对特定顾客某种特别需求，创造性地提供了酒店以往没有的产品与服务，或者通过创造性的思维和行为，克服和突破客观资源和条件限制，提供了同样能够令顾客满意、惊喜甚至感动的产品或服务。

由此可见，与高科技企业员工的创造性存在显著差别，酒店员工的创造性具有微观性、多方面性、难规划性和即时回馈性。

酒店员工的创造性和创造行为往往对个别顾客产生影响。酒店员工创造性不像高科技员工那样专注于某一技术领域、技术方面或技术环节，酒店员工的创造性是围绕酒店顾客在酒店中的各种需求进行的，顾客在酒店的需求包括住宿、餐饮、康体、休闲和娱乐等多个方面，因此员工的创造性同样表现在多个方面。

高科技员工的创造活动可能并且需要进行提前的规划和设计，有些高科技创造活动需要提前一年、两三年，甚至五到十年进行规划，而酒店员工的创造活动是随顾客需要的出现即时进行，很难提前进行规划和安排。

高科技员工的创造行为往往需要大量时间和资金投入，产生回报所需要时间会很长，但是酒店员工围绕酒店顾客需求的创造性活动，需要员工即时甚至马上进行，当员工恰当的创造性服务行为为顾客创造出价值时，必然受到顾客的认可、表扬甚至奖励，酒店员工的创造性行为能够获得即时回馈，而不像高科技员工那样要等很长时间。

7. 酒店技术开发

酒店的生存与发展不仅始终处在科学与管理技术的影响之下，并且酒店的生存与发展也始终离不开科学与管理技术的支持与帮助。如果酒店的技术水平与技术设施长期跟不上所处时代的水平，必然无法为酒店顾客创造预期价值，最终会被顾客和社会抛弃。

因此，酒店应紧密关注所处时代科学与管理技术发展与变化，从中探寻可以为酒店所应用的科学与管理技术成果，结合酒店自身资源与条件，积极利用这些科学与管理技术成果，围绕盈利源（即目标顾客）的价值需求及其潜在变化，升级或创新开发出适宜的酒店产品与服务，更好地满足顾客需求，在更好地为顾客创造价值的同时，实现酒店盈利的增长。

目前对酒店经营和管理具有深远影响的科学技术主要有集云计算、物联网、移动通信和人工智能等新技术于一体的智慧酒店技术。通过对这些新技术的有效整合、集成与开发，酒店一方面可以全方位、精确和及时获取顾客的价值需求及其变化，并及时进行新产品设计与开发，从而对顾客价值需求做出及时且有效的回应。另一方面，可以充分利用先进的智能技术，更好地建设低碳、环保、绿色酒店，有效降低酒店运营成本，为酒店盈利和提高顾客增值创造更大的空间和可能。

酒店在技术研发过程中，不仅要积极关注和应用科学技术成果，同样要积极关注和应用管理技术成果。当前，在酒店及工商管理的各个领域，如市场营销管理、人力资源管理、财务管理等领域，各种管理理论与技术成果纷纷涌现，酒店经营管理者要积极了解和学习这些管理技术成果，同时结合酒店的现实状况，通过积极而稳妥地调研，开发出适宜本酒店的管理技术，应用于酒店的经营管理，改进和提高酒店为顾客创造价值的能力与水平，推动酒店的盈利和成长。

在构建酒店企业价值链的基础上，酒店可以借助于酒店企业价值链杠杆，通过价值分析，找出那些能够为顾客价值创造起核心作用的活动环节，将其作为酒店经营的"战略活动环节"，酒店应集中优势资源，提高其价值创造能力和运营效率，巩固和增强这些"战略活动"环节，为进一步提高顾客增值和酒店盈利创造机会和可能。

相反，对于那些对顾客价值创造不起作用，却占用酒店资源，空增酒店运营成本的"无效活动环节"，酒店可以通过价值链整合与重组消除它们。

另外，对于那些对顾客价值创造有作用，但是效率低下的活动环节，既可以通过价值链整合，提高运营效率，还可以通过局部活动环节外包，降低运营成本，提高运营效率。

第三节　酒店产业价值链杠杆

英国经济学家卡普林斯基（Kaplinsky，2000）在迈克尔·波特企业价值链模型的基础上进行了扩展分析，将企业间的联系也考虑进去，并称之为"产业价值链"，即将企业内部价值链外化，从而形成"产业价值链"。

一、产业供应链的基本观点

"产业价值链"是"产业链"中价值创造关系的反映。产业链是由包括存在相互分工合作关系的多个企业在内的各种组织组成的有序链状组织。现代产业供应链包含以下基本观点：

1. 系统有机体观点

不再把产业链上包括多个企业在内的各个组织看作独立的单个个体，而是考虑产业链上所有组织间存在的广泛联系，把整个产业链上的各个组织看成是存在多种有机联系的统一体。

2. 目标共同体观点

产业链上各个组织尽管存在各自的个体目标，但是同时也存在一个大家的共同目标。这个共同目标就是满足产业价值链最终顾客对产品与服务的需求。由此，大家构成了一个有着共同目标的共同体，这样更能保证整个产业链持续的价值创造力和利润创造力。

3. 新型组织体观点

在整个产业链共同目标的牵引下，产业链上各个成员组织之间的合作关系得以强化，改变过去企业与企业之间单纯的供求关系，形成更加紧密的合作伙伴和共荣共损关系。

"产业价值链"理论的基础并不是单个企业为最终顾客创造了价值，而是企业与上下游企业乃至整个产业与上下游产业共同为最终顾客创造了价值。产业价值链用来分析为最终顾客创造价值过程中，企业与上下游企业乃至产业与上下游产业之间的价值创造关系。

"产业价值链杠杆"的优化过程是企业将原有的研发、制造、营销、服务等环节通过重新设计和整合，将资源集中于特定的领域，将企业重点缩小到核心业务，仅保留关键环节（自己最擅长的核心功能），而将其他环节通过减少投入，甚至可能放弃某些环节而外包给其他企业，以提供企业资源的运作能力和价值创造能力。

二、酒店产业链组成及价值创造关系

以酒店为主体，利用产业价值链杠杆工具，本着"满足顾客价值需求，为顾客创造价值"目标，酒店上游产业价值链和下游产业价值链的组成及其价值创造关系如下：

1. 酒店上游产业价值链

酒店上游价值链是由酒店的供应商以及为供应商提供产品的多个企业共同组成。酒店的供应商主要由四部分组成：酒店设施设备供应商、酒店原材料及商品供应商、酒店人力资源供应商和酒店资金供应商。

（1）酒店设施设备供应商。酒店设施设备供应商是与酒店内部价值链中采购环节紧密相连的，给酒店供应酒店建设、经营管理需要的设施设备的企业。

在酒店与设施设备供应商合作的过程中，关键是要从酒店顾客的价值需求出发，选择合适的酒店设施设备，重点应关注以下三个方面：

1）设施设备的功能与品质要与本酒店的顾客价值需求相一致，有助于酒店更好地为顾客创造价值。

2）设施设备供应商能够按照合作契约的约定，准时为酒店供应符合约定规格和品质的设施设备，从而保证酒店能够按照事先规划为顾客提供合理的产品与服务。

3）对于高技术设施设备，除了要关注功能和品质、供应的及时性外，还要关注其后续的技术服务与技术支持，相关设施设备供应商应该具有后续的技术服务和维修保养能力，以保证这些高技术设施设备能够长期地、持续地为顾客提供服务与创造价值。

（2）酒店原材料及商品供应商。酒店原材料及商品供应商是与酒店内部价值链中采购环节密切相连的，给酒店供应原材料及商品的企业。

酒店原材料及商品主要包括三大类：食品原材料、低值易耗品原材料和销售商品。酒店食品原材料是各种供顾客食用或者饮用的原料。酒店低值易耗品原材料主要包括客务部、餐饮部、工程部消耗的客房易耗品、洗涤用品、清洁用品、布草、鲜花、员工制服费、玻瓷器皿、工程物资等。销售商品通常是可直接销售给顾客的酒水、香烟和其他小商品。

酒店在选择原材料及商品供应商并与其合作过程中，除了与设施设备采购相同，要关注所采购原材料及商品的品质外，由于酒店对原材料及商品采购非常频繁，有许多原材料每天都需进行采购，长期占用酒店资金，更应通过先进的信息技术手段和经营管理手段，与供应商及时、准确地进行信息沟通，提高原材料供应的及时性，减少库存资金占用，提供资金使用与周转效率，降低顾客支付成本。

（3）酒店人力资源供应商。人力资源供应商是指酒店人才培养学校和酒店专业人才服务中介。它们一方面为酒店供应人力资源，另一方面可以帮助酒店提高人力资源的专业素质与技能。

酒店在人力资源供应商，特别在酒店与旅游人才培养学校合作过程中，要考虑以下几方面事项：

首先，酒店盈利源（目标顾客）及其所决定的价值需求的层次与内容，决定了酒店所需要人力资源的层次、类型和规模。酒店盈利源及其价值需求层次越高，决定了人力资源的层次也越高，酒店盈利源及其价值需求内容越丰富，决定了酒店人力资源的类型越多、规模越大，进而包括酒店人力资源的层次、类型和规模等因素决定了酒店应选择的酒店人力资源供应商的层次和类型。从总体上讲，中高档以上酒店应选择与本科以上的酒店及旅游院校和知名品牌的专业人力服务中介进行合作，中低档酒店适宜选择与中等旅游职业院较和普通专业人才服务中介合作。

其次，酒店应向酒店与旅游院校、人才服务中介说明酒店本身的目标顾客及价值需求，这样可以使合作院校和服务中介更有针对性地为酒店培养、选择和推荐人才。随着顾客类型及价值需求日益多样、酒店业竞争日益加剧、酒店类型日益丰富、酒店产品日益扩大、酒店技术水平日益提高和酒店经营范围日益扩张，酒店对人力资源的需求也日益多样。这些都要求酒店和人力资源供应商加强信息沟通，使其能够为酒店提供真正能够帮助酒店满足顾客价值需求，为酒店顾客创造价值的人才。

最后，为更好地满足酒店为顾客服务需要，必要时可以投入更多资源，同人力资源供应商开展更深入、更多样化的合作。例如，为加强酒店与旅游院校的合作，酒店可以通过设立专业人才培养基金、专门人才培养项目、酒店经理人或技师进入院校课堂、学生长（短）期实践等多种途径，使其更好地培养酒店所需要的人才。

（4）酒店资金供应商。酒店资金供应商是给酒店提供发展和经营所需资金的组织或个人。酒店资金供应商主要包括两类：一类是股权资金供应商，主要为酒店的投资人或股东；另一类是债务资金供应商，主要为商业银行和民间金融机构。

酒店在与资金供应商合作过程中，关键是根据顾客需求、市场发展状况和自身资源条件，合理选择筹资渠道，尽量降低筹资成本，保障酒店经营与发展的资金需求。

2. 酒店下游产业价值链

酒店下游产业价值链是由旅游批发商、旅游零售商和最终顾客组成。它们是酒店产品的使用者和销售渠道。销售渠道指帮助实现酒店产品或服务从酒店向顾客转移的一系列营销或销售组织，即酒店作为供应商应利用旅行代理商、旅游经营商或其他方式向顾客销售其产品和服务。下游产业价值链其实也就是买方价值链，价值主要体现在顾客从购买酒店产品和服务中得到的全部有形或无形的利益。

酒店在与产业价值链中下游企业进行合作时，主要应把握两个方面：一是以"满足最终顾客需求，为最终顾客创造价值"为首要前提和基础；二是平衡好与下游产业价值链各企业间的利益分配，提高整个产业价值链的价值创造能力。

第四节　酒店产业供应链杠杆

产业供应链是以供需关系为纽带，以特定企业为主体，将企业主体与供应商、供应商的供应商乃至一切的向前的组织，企业的客户、客户的客户乃至一切向后的组织，直到最终顾客连成的功能网络结构。

"产业供应链"和"产业价值链"都是"产业链"的反映。二者之间既有共同之处，又有差异。二者相同之处：都是对由存在相互分工合作关系的多个组织组成的产业链的反映。二者差异之处：产业供应链更多是对产业链中物流关系的反映，产业价值链更多是对产业链中价值创造关系的反映。

产业供应链中的物流是指从最初供应商到最终顾客的物资流以及由此而伴生的信息流和资金流。这些物资流、信息流和资金流通常是跨部门、跨企业、跨组织甚至跨产业流动的。

从"实现顾客价值需求，为顾客创造价值"目标出发，酒店应用产业供应链杠杆进行盈利模式的设计与创新，应重视以下几方面内容：

一、充分利用信息技术，提高物流供应效率

酒店要充分利用信息，时刻掌握顾客价值需求及其变化，根据顾客价值需求变化及时调整产品生产，根据产品生产需要，通过企业间的信息共享，及时调整物流供求信息，提高供应链效率，发挥杠杆效应，减少物流与资金占用，提高物流与资金周转效率，降低资金成本，为顾客价值创造提供更大空间。

二、及时应用新技术，实现信息共享

产业供应链是在管理高度信息化、自动化的基础上发展起来的，新技术的运用是酒店提高供应链管理效率的前提条件。因此，酒店可以利用互联网、物联网、移动通信和人工智能等先进技术，通过供应链上各组织间信息的及时互通互联，实现信息共享，为提高供应链效率创造条件。

三、加强供应链合作机制，建立合作伙伴关系

酒店供应链的核心管理思想借助供应链系统，将酒店供应商、中间商乃至顾客都纳入酒店管理的资源之中，实现整体协调与资源共享，并由此形成合作伙伴关系。通过合作伙伴关系的确立，酒店供应链上企业可以相互了解，全面把握供应链所有企业的资源情况，为实现进一步合作奠定基础。

第五节　酒店营销渠道杠杆

营销渠道杠杆是顾客由价值需求驱动，产生消费动机、进入酒店、消费酒店产品、获得顾客价值，并与酒店建立关系的整个过程中所经历的通道及相关活动的总和。

酒店营销渠道是酒店与顾客的接触点，它在酒店顾客消费中扮演着非常重要的角色。营销渠道掌控着酒店盈利源（即目标顾客），酒店只有对营销渠道具有足够的掌控力，才能形成稳定的顾客市场和盈利空间。

酒店借助渠道模式杠杆，可以实现以下功能：向顾客传递酒店的价值定位与主张；协助顾客购买消费酒店的产品；获取顾客对酒店产品的评价信息；获取顾客的价值需求及变化信息。

在当今经济全球化和信息化时代，传统、单一的营销渠道难以适应日益激烈的市场竞争，酒店应该开拓多元化的营销渠道，设计或创新营销渠道，提高自身的市场竞争。可供酒店选择的营销渠道如下：

一、口碑渠道

口碑渠道是借助于酒店老顾客对酒店产品的良好体验，通过老顾客对酒店产品的正向评价和宣传，营销酒店产品，扩大酒店市场份额的一种营销渠道。通过老顾客的口碑，可以为酒店赢得更多的新顾客，提高酒店的市场地位与品牌形象，获取更大规模的盈利。早在1955年，卡茨等人就发现：在影响消费者转换产品与服务品牌方面，口碑传播的效果往往是报纸与杂志广告效果的7倍，是个人销售效果的4倍，是收音机广告效果的2倍（韩莉，2010）。

口碑渠道具体可以通过以下方式来实现：①通过优异且稳定的产品服务质量，更好地满足老顾客的价值需求，使其成为酒店的满意与忠诚顾客，为口碑宣传奠定坚实基础；②通过对老顾客回访，与老顾客建立深厚的关系，同时将酒店的一些新产品信息提供给老顾客，强化双方的沟通与信息交流，还可以让老顾客多提意见，这样既使老顾客获得尊重感，还有助于加深双方的情感交流；③借助现代网络、移动客户端等信息技术手段，方便老顾客向酒店提出意见与建议，并根据老顾客的意见与建议，及时改正产品与服务经营中的问题与不足，持续提高产品与服务品质，让老顾客得到被重视的感觉。

二、传统旅行社渠道

互联网没有出现之前，酒店为了保证稳定的顾客流量，通常会通过旅行社帮助顾客预订酒店，传统旅行社一直都是酒店营销的重要渠道。

该营销渠道的优点是旅行社客源量大，并且渠道顾客流具有持续性和稳定性，不足之处是受季节影响大，淡旺季明显，而且客房出租价格过低，酒店获利空间有限。

三、在线旅游企业渠道

有调查显示，现今有近 1/3 旅游者会通过网络预订酒店。在我国，已经形成一批以携程、e 龙和去哪儿等为代表的在线旅游企业。

这些在线旅游企业建有庞大的呼叫中心，采用会员制或者发卡模式，能为酒店带来大量顾客。以携程为例，携程作为目前中国最大的住宿分销商，与携程合作的酒店已超过 5000 家，遍布全球 34 个国家和地区的 350 多个城市；与此同时，携程每天在国内 55 个城市 1000 多家酒店拥有大量保留客房，专为其会员提供即时预订服务。同时，携程还建成了目前中国最大的机票预订服务网络，覆盖中国的 35 个大中城市。

这种营销渠道的缺点是过于依靠某一家在线旅游企业，容易导致酒店在谈判中处于不利地位，需要为此支付为数不小的佣金，同时这部分顾客还很难成为酒店的满意和忠诚顾客。

四、搭建酒店自身的中央预订系统甚至呼叫中心

这一渠道目前已逐渐在国内相当多的经济型酒店集团普及，例如如家、锦江之星、7天都有自己的预订系统。

酒店对自有预订渠道控制更强，可直接了解用户的消费行为，获取准确的顾客消费行为和需求信息。利用这些信息，酒店可以及时弥补产品不足，提高顾客满意度，进而还可以有针对性地进行产品创新，使酒店有更多的盈利点，获得更大的收益。

同时，利用酒店自己的中央预订系统还有利于建立酒店会员。酒店会员通常支付能力强，能够给酒店创造较大的盈利空间，提升酒店的盈利水平。

搭建酒店自己的中央预订系统，建立酒店直销渠道，不足之处是前期投入成本和后期维护成本都很高，需要大规模的顾客市场来分摊，单体酒店或小规模酒店很难承受。

五、微信息渠道

微信息渠道是近年来随着互联网、移动通信技术发展，移动互联网时代出现，正在形成的一种新的营销渠道。微信息渠道是信息向个体化普及而产生的快速信息传播形式。

随着博客的产生，微信、微空间、微盘、微刊等新的微信息传播形式正在不断涌现，信息传播形成个体化、多维度的网络结构。在移动互联网时代，每个人随时随地都有可能成为信息的制造者、传播者和享用者。微信息既可以传播文字，还可以传播图片，既可以做企业广告，又可以发表一个人感言，形成精练、即时的信息传播。在信息过剩的背景下，越是独

特性的事物越容易获得广泛、快速和有效的传播。而且，微信息中往往会聚集相同类型的顾客群，信息受众关联性极大，因此可以帮助酒店更快、更准确地吸引顾客。

第六节　酒店收益管理杠杆

收益管理（Revenue Management）又可称为"收入管理"、"效益管理"等，是一种在利润最大化目标指导下，在恰当的时间、恰当的地点，以恰当的价格将恰当的产品销售给恰当顾客的管理方法与技术。

这种管理方法与技术最早起源于20世纪70年代的美国航空业。由于航空业与酒店业在资产性态和收益特性方面存在很大相似性，收益管理对于改善和提高酒店盈利水平同样可以发挥显著作用。到20世纪80年代，美欧发达国家的酒店业也开始应用收益管理。近些年，我国酒店业也开始注重对收益管理方法的应用。

收益管理并不适合所有企业，它仅适用于具有特别性质行业的企业。只有具有这些性质行业的企业，才能够应用收益管理，提高收入水平，追求盈利最大化。收益管理适用的行业应具有的特别性质包括：

一、固定成本高，而变动成本低

固定成本是指成本总额不随产品产销量变化，始终保持不变的成本。变动成本是指随产品产销量增减而变化的成本。该行业企业通常建设初期需要进行大规模投资，由此造成后期需要回收的固定成本很高，但是生产经营过程中每生产和销售一单位产品的变动成本却很低。

最典型的是航空企业，先期地面和空中设施设备要进行巨额投资，造成后期大额的固定成本，每一次航班的燃油成本和机务人员的报酬也是固定成本，而且飞机的航线与航班轻易又不能改变，无论飞机满载还是空载，这些成本都固定不变。另外，每增一名乘客，只是多提供一点餐饮成本，与高额的固定成本相比，几乎可以忽略不计。

利润是收入与成本相减后的差额，具备这种性质行业的企业成本主要由固定成本组成，不随产销量变化，于是利润的增减就相当大程度上取决于收入的增减，因此这些企业利润管理就可以简化成为收入管理（或称收益管理）。

酒店业同样具有这种性质，初期对客房产品的投资很大，造成客房产品固定成本很高，客房无论是否住人都需要配备必要的服务人员和管理人员，每增加一位顾客，仅增加一些洗浴用品、布草洗涤等变动成本，成本性质与航空业非常相似，同样适应于采用收益管理。

二、产品时效性强，具有不可储存性

收益管理适用于企业所生产经营的产品时效性强，同时具有不可储存性。产品的不可储存性是指企业生产经营的产品由于保质期非常短或者受时间因素限制，一旦超过某一个相对短的时限，就不再具有任何价值，也无法再为企业创造收益。酒店的主要盈利点是客房产品，当天没有售出的客房，它的使用价值不可能保留到第二天，不能再给酒店带来收益，所以酒店要在给定的销售期间，在恰当的价格水平上，出售尽可能多的客房产品，从而获得尽可能多的收益和利润。

三、产品产能相对固定

该产业企业产品的生产能力基本是固定不变的，在短期内很难根据市场供求状况调整自身产品生产经营规模。如果强行调整生产规模，将要付出相当大的代价。对于酒店企业来说，在规划设计阶段，就已经规划设计了客房产品的数量，建成后如果要大规模调整客房数量，将会付出很高的代价，所以在短期内酒店很难根据市场需求状况，大规模地调整客房数量。因此，酒店只能在客房产品总数量限定之内，通过对客房价格的有效调整，获取更大的收益。

四、市场需求具有波动性，波动又具有周期性和连续性

该行业产品对应的市场需求不是固定不变的，而是呈现出波动性变化，正是基于这种波动性变化，企业也有必要进行收益管理。同时，需求的波动性变化在总体上又具有一定的规律性，表现为周期性和连续性变化。

这样企业根据这种规律性变化进行动态的价格调整，追求收益和盈利的最大化。具体表现为：在需求旺盛时，通过提高产品价格来增加收入和利润；在需求低谷时，通过降低产品价格，刺激需求，提高产能利用率来改善收入和利润。

由于市场变化具有周期性和连续性，企业可以根据历史数据信息来预测市场需求状况。旅游市场是一个具有典型淡旺季周期性和连续性变化的市场，因此酒店可以有效利用收益管理来改善提高酒店的收益和利润。

五、产品对顾客市场具有可细分性

顾客市场的可细分性是指可以根据顾客对产品的需求程度和价格敏感程度的不同，将其细分成不同的群体。在市场具有可细分性的前提下，企业就将恰当的产品以恰当的价格出售给恰当的顾客。

根据对酒店顾客价值需求特征的分析，酒店不同顾客群体对酒店产品的需求层次、需求类型、价值功能和支付能力等具有不同诉求，呈现出显著的差异性。这种差异性正是进行差异化定价的前提和基础。通过对顾客市场的细分，酒店可以应用差异化价格为手段，引导顾客在不同时间内，以不同价格对酒店客房产品进行消费，这样既可以有效满足顾

客需求，还可提高酒店客房产品出租率和收益，并且带动顾客对酒店其他产品的消费。

六、产品可以提前预订

如所属行业企业的产品无法进行提前预订，企业就很难对顾客的利益需求进行较为深入的分析，也不可能进行有效的顾客市场细分，也就无法通过对价格的控制实施收益管理。

实际上，酒店的大多数客房产品都是通过各种预订渠道提前销售出去的。事先不进行咨询或预订，直接抵店的顾客数量很少。所以，酒店一般都设有专业的预订部门，通过电话、互联网、手机等各种预订方式，了解顾客需求，及时进行价格与销量控制，通过收益管理完成酒店产品的提前出售。

正因为酒店业具有非常符合实施收益管理的行业特性，同时随着近年来国内酒店业竞争的日益加剧，使国内酒店企业也开始实施收益管理。但是，目前国内酒店仍然处于收益管理初期实施阶段，普遍存在的问题是从企业角度出发，过分关注短期收益的最大化，在一定程度上忽视了顾客关注的利益与需求，由此造成顾客与酒店经常发生矛盾，并可能使酒店的长期利益受到损害。

因此，应用收益管理时，要以顾客价值需求为导向，在保证酒店短期利益的前提下，更着眼于酒店的长期和可持续发展，将其发展成为一种"基于顾客价值需求导向"的收益管理，从而产生"小投入，大产出"杠杆效应，使其成为能够为顾客创造价值和酒店创造利润的管理工具和杠杆。

要使收益管理真正成为酒店盈利模式的一个盈利杠杆，酒店在进行收益管理时需要从以下方面入手：

1. 以顾客价值需求为依据，进行科学的顾客需求预测

顾客需求预测是酒店实施收益管理的基础，预测的准确程度直接关系到收益管理的成败。传统收益管理进行顾客需求预测时，以过去的客房预订数据资料为依据，通过对这些数据的整理、分析找出其中的规律，进行顾客需求预测。这种单纯以客房预订数据为依据的顾客需求预测只是一种单纯的数量预测方法，忽视了隐藏在数据背后并且决定数据变化的顾客需求，而且这些简单的数据并不包含丰富的顾客需求信息。这些被忽略和无法包含的信息，却是反映顾客价值需求的重要信息，是未被开采的酒店盈利"金矿"。

酒店应根据每一个顾客价值需求特征（即能够反映或影响顾客价值需求特点的一些要素，如年龄、种族、家庭状况、收入状况等），结合其到店的季节、日期、时刻、选择的住宿房型以及其他消费偏好，分析出每一个顾客，特别是重要顾客的价值需求特点和具体的消费偏好，这样就可以准确地对顾客未来需求进行预测，从而更好地满足顾客，为顾客创造更大的价值。

2. 针对不同层次需求，通过充分而有效的沟通，使顾客接受并认可差异化定价

定价方式是酒店实施收益管理的重要手段。传统酒店产品的定价方式是基于产品成本的定价方式，"基于顾客价值需求导向"的收益管理要求依据顾客价值需求特点为基础，在对盈利源（即目标顾客）细分的基础上，为其定制能够满足其价值需求的个性化产品。

然而，在普通顾客眼中，这种个性化的产品可能并不存在太大差别，例如不同时间点上销售的同一间客房。但是，在"基于顾客价值需求导向"的收益管理系统，这种不同时间点上销售的同一间客房并不是同一种产品。原因在于，在不同时间点上，同一间客房的稀缺性可能并不相同，并不是同一种产品，即使是同一时间点的同一种客房，不同顾客对它的价

值感知和该客房能够为顾客创造的价值也是不一样的。

所以，相近产品甚至是完全相同的客房产品，出售给顾客的价格可能并不一样。这样，在收益管理中，酒店会根据顾客的价值需求特征、价格需求弹性或与酒店的合作关系，将相同产品在同一时间以不同的价格出售给不同的顾客。

在"基于顾客价值需求导向"的收益管理系统中，应用基于顾客价值的差异化定价方式将看似相同的产品或实际完全相同的产品，以不同的价格出售给不同的顾客，这样就产生了经济学中的"价格歧视"。

这种差异化的"价格歧视"会使酒店对同一客房产品收取不同的价格，有些较敏感的顾客甚至会把价格歧视看作一种人格歧视，尤其是顾客不能享受打折优惠时，会产生不满情绪。这时，就需要酒店从顾客价值需求出发，通过充分而有效的信息沟通，使顾客接受并认同酒店差异化定价方式。

通常可以采取的沟通方式与途径有：首先，酒店相关人员可以通过当面交流、电话、电子邮件或其他有效沟通方式，使顾客提前了解酒店的定价方式、产品报价等信息，为顾客形成相应的产品价值和价格预期。其次，酒店应对不同的顾客类型、不同的顾客级别，体现出的价格差异进行周到而合理的解释，减少顾客由于误解而造成的不满。最后，当顾客一旦对这种差异化的价格表现出疑问或者不满情绪时，酒店相关人员应对顾客进行耐心解释，说明酒店差异价格（实际中表现为折扣价格）的诸多限制条件，比如，提前交付定金、会员身份及会员级别、住宿天数、提前预订、预订渠道等。

另外，对于价格较高的客房产品，酒店可以设计一些附加产品和服务，如赠送早餐券、免费送餐等，使顾客尽可能感受到高价格在于该产品能够为其创造更大的价值，使顾客乐于接受并理解这种差异化的价格。

3. 合理控制酒店客房库存，注意维护顾客关系

酒店库存控制是酒店实施收益管理的核心内容，主要功能是将酒店客房产品，按照顾客价值需求，根据预订顾客和未预订顾客的需求水平，确定预留给预订顾客的客房数量以及折扣水平，在力求给顾客创造最大化价值的同时，为酒店创造最大化的利润。

酒店在实施客房库存控制过程中，通常会把同一客房出售给创造价值较大、价格支付能力较高的顾客，而会拒绝同时到达甚至提前到达但价格支付能力较低的顾客，这样很容易引起顾客的不满。

这时，酒店应特别注重平衡好短期利益和长期利益的关系，不能单纯追求一时的短期收益，而应该重视维护好顾客关系，特别应重视顾客满意度与忠诚度的培养，对于酒店的忠诚顾客和重要顾客，应设置优先级别，合理控制酒店客房库存，尽量保证重要顾客住宿需求，维护好相互间的关系，减少这些重要顾客的不满，实现酒店长期利益的最大化。

4. 合理确定超额预订水平，尽量满足顾客需求

超额预订是酒店实施收益管理的重要技术方法，是指酒店为了预防顾客临时取消预订或者顾客到时不出现造成客房闲置，导致酒店收益受损，而接受比实际客房数量更多的预订量。虽然，超额预订可以给酒店增加收益，但也可能导致顾客被拒绝。遇到这种情况，酒店业的通行做法是为顾客寻找一个替代酒店，并将其免费送到那里。但是，这种通行做法既增加了酒店成本，更有可能导致顾客不满，还可能使顾客流向竞争对手。

因此酒店在制定超额预订水平时，首先，应充分考虑顾客价值需求和类型，对于特别重要的顾客，应采取特别措施，尽可能保证其客房住宿需求。其次，一旦出现顾客到店而无房入住的情况，酒店应尽可能了解顾客的价值需求，根据顾客的价值需求，推荐并免费送顾客到符合其价值需求的酒店，减少或消除顾客的不满情绪，将酒店的利益损失减少到最低。

第八章
酒店盈利屏障

第一节　酒店盈利屏障含义、理论基础与构成

酒店盈利屏障是指酒店为保护自身市场和利润不受侵蚀，营造和采取的各种防范措施。

酒店盈利屏障与盈利杠杆同样表现为酒店资源的投入和耗费。但是，盈利杠杆是酒店为进一步创造或提高酒店利润而做出的各种努力。盈利壁垒则是保护酒店现有的市场和利润不被掠夺而采取各种防范措施。

酒店盈利屏障的理论基础是迈克尔·波特（Michael Porter）的"五力模型"。迈克尔·波特于 20 世纪 80 年代初提出五种力量分析模型（如图 8-1 所示），对企业战略制定产生了深远的影响。

"五力模型"中的"五力"是指由于市场竞争产生的五种相互作用力：进入威胁、替代威胁、买方讨价还价能力、供方讨价还价能力、现有竞争对手的竞争。这五种作用力共同决定一个产业竞争的强度以及产业的利润率。此理论模型作为竞争战略理论核心，决定企业如何在产业内定位，并在激烈的竞争环境中能否获取高于平均利润的盈利。

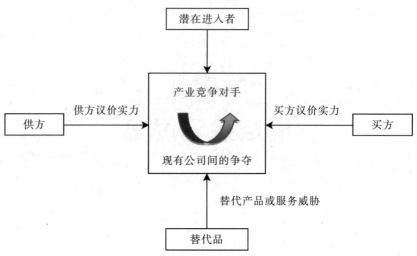

图 8-1 迈克尔·波特的"五力模型"

资料来源：迈克尔·波特. 竞争战略 [M]. 陈小悦译. 北京：华夏出版社，2005.

企业在竞争中为巩固和强化自身竞争优势和盈利能力，需要削弱各种竞争威胁，主要手段是针对各种威胁，采取相应措施，建立或提高相应的盈利屏障（或称盈利壁垒）。具体来说，各种竞争威胁与相对的盈利屏障如下：

一、进入威胁

一个行业的新进入者将为该行业带来新的产能、资源和活力，同时可能赢得一定的市场，从而可能导致行业中现有企业盈利水平下降，严重时还有可能危及这些企业的生存。进入威胁的严重程度取决于两方面因素：一是进入新领域的障碍的大小；二是预期现有企业对于进入者的反映情况。

就酒店行业而言，削弱进入威胁，建立或提高相应盈利屏障常见方法有：建立顾客满意和顾客忠诚、规模经济、专利或商业秘密、产品（服务）差异、提高资金投入、提高转换成本、独占营销渠道、确立品牌与形象、独占地理优势、特殊的成本优势、获得政府保护等。

酒店为维护目前的市场份额和利润，可以从上述几方面构筑盈利屏障，巩固既有的市场地位与利润。另外，既有酒店还可以通过强化潜在进入者对于预期可能受到的有力反击的恐惧心理，形成一种基于心理因素的优势，削弱进入者的进入欲望。酒店建立心理优势的方法有：建立强力报复进入者的企业形象，显示出拥有充足的资源或能力，可以随时用于反击，对外表明坚定的信念和高昂的退出成本等。

二、替代威胁

一个企业产品被替代的可能性越大，其受到的竞争威胁和盈利被削弱的可能性就越大。替代品设置了企业可以获得的利润的上限，从而限制了企业潜在的收益。企业对于替代威胁的盈利屏障越高，企业的竞争优势与利润就越稳固。酒店企业应建立和提高被替代的盈利屏障，削弱替代威胁，巩固和提高竞争优势与利润。

酒店企业削弱替代威胁，建立或提高相应盈利屏障时，可供选择的措施主要有：发动全体酒店共同打击替代品；适应顾客价值需求及其变化，创新产品和服务；积极影响酒店行业标准制定；重新设计盈利源等。

三、买方（顾客）讨价还价威胁

买方（顾客）为了获取更大利益，通过会采取压低产品价格、要求提高产品质量或酒店提供更多的服务，这些行为将减少酒店收入或增大酒店成本，从而削弱酒店的盈利水平。

影响买方（顾客）讨价还价能力强弱的因素主要有：买方的数量，如果买方数量较少，而且每个购买者的购买量较大，占企业销售量的比重很大，买方的讨价还价能力就很强；企业产品的标准化程度，如果企业提供的是标准化程度很高的产品，买方很容易从其他企业购买到，买方讨价还价能力就强。

酒店削弱买方（顾客）讨价还价威胁，建立或提高相应盈利屏障的主要措施有：买方（顾客）多元化，不过分依赖某一买方（顾客）；提供非标准或有差异的产品；提高买方（顾客）转换成本，使买方（顾客）产生路径依赖；尽可能保守酒店内部信息（如酒店成本信息）等。

四、供应方讨价还价威胁

供应方主要通过提高供应产品价格与降低供应产品品质，影响行业中现有企业的盈利能力。供应方力量的强弱主要取决于所提供的投入要素的情况，当供应方所提供的投入要素的价值构成了买方企业产品总成本比重较大，或者对买方企业产品生产过程非常关键，又或者严重影响企业产品的品质，并且具有垄断性供应地位时，对于买主讨价还价力量就非常强。

酒店削弱供应商讨价还价威胁，建立或提高相应盈利屏障的主要措施有：尽可能分散选择多家供应商；采取集中的一次性大规模购买，可以在价格、质量、售后服务等方面得到主动地位；成为供应商的主要客户，使供应商的命运与企业紧密相连；寻找供应商的替代品作为储备；充分利用供应商之间的竞争，降低转换成本等。

五、现有竞争对手的竞争威胁

如果一个行业参与竞争的企业越多，行业竞争程度越激烈，这时，行业中企业都面临盈利下降威胁。影响行业企业竞争威胁的主要因素有：行业内竞争企业众多，而且大家实力相当；行业整体增长缓慢，固定成本或者库存成本居高不下；产品服务的同质化；产能供过于求；非理性竞争对手的出现以及现有竞争对手的退出壁垒较大等。

酒店行业基本上都具备以上因素，因此酒店行业是面临充分现有竞争对手竞争威胁的行业。酒店削弱现有竞争对手竞争威胁，建立或提高相应盈利屏障的主要措施有：建立顾客满足与顾客忠诚，使得顾客不愿意轻易转向竞争对手；确立优秀的酒店品牌形象，强化与顾客关系；或通过新的服务项目、营销创新或产品变化提高产品的差异化；聚焦于固定成本最低、成长速度最快的细分市场或经营方式，如酒店管理公司经营模式或租赁物业方式。

主要的酒店盈利屏障组成包括：酒店品牌形象屏障、顾客满意与忠诚屏障和员工满意与忠诚屏障。

第二节　酒店品牌形象屏障

品牌形象是品牌与形象的综合体。对酒店品牌形象的理解是建立在对品牌和形象理解的基础上。对品牌定义的理解，不同学者从不同角度出发有着不同的理解。在众多对品牌的定义中，具有代表性的是美国营销学会的定义，"品牌是一个名称、术语、标志、符号或图案设计，或是它们的不同组合，用以识别某个或某群销售者的产品或服务"（赵丽伟、刘天飞，2011）。

"形象"一词源自 13 世纪，指人像或肖像。其词义可追溯到最早的词源——拉丁文 imago。后来其词义演变成人们可感知的名声，也就是品牌形象中形象的含义。形象是某一事物在人们心中所形成的印象，而这种印象对人们认知事物、处理事情的方式具有显著影响作用。企业良好的形象会带给顾客精神上和心理上的满足感和信任感。

作为品牌和形象的综合概念——品牌形象，一直是市场营销学以及消费者行为研究的一个核心内容。品牌形象被视为一种企业产品信息的提示，顾客会根据其自身所持有的对产品或者企业的品牌形象来推断企业产品的质量，并决定是否购买和消费该企业的产品。

良好的品牌形象除了是顾客购买决策的重要考虑因素，同时也是影响顾客购买意愿的关键因素。顾客会通过品牌形象来衡量产品或服务的优劣程度，而衡量的结果往往对其购买行为产生直接影响。品牌形象对顾客感知价值和顾客购买行为的影响，国内外学者都有相关的论述。

麦克唐纳和夏普（Macdonald、Sharp，2008）从品牌知名度角度出发，经过研究发现在顾客购买决策过程中，品牌知名度扮演关键角色，而且品牌知名度能够通过高知名度进入品牌形象组合中，促进顾客产生较高的购买意愿。

国内学者白长虹、范秀成和甘源（2002）的研究表明：第一，品牌直接作用于顾客感知价值；第二，品牌通过服务质量影响顾客价值；第三，品牌通过顾客关系影响顾客价值，顾客会储存与品牌形象相关的记忆，以此来促使其做出下次是否购买和消费企业产品的决策。

由此可见，成功的酒店品牌形象不仅是可以获得顾客对酒店及其产品的认同感，更是对酒店价值创造的保障与促进，构成酒店一个重要的盈利屏障。

酒店围绕顾客价值需求，在建立和巩固酒店品牌形象屏障时，可以从以下方面入手：

首先，酒店品牌形象应向顾客传递清晰的顾客价值定位信息，减少顾客搜索成本和决策成本。

每一个酒店品牌形象都传递一定的顾客价值定位信息。在根据顾客价值定位品牌形象时，酒店既可以采取单品牌策略，也可以采取多品牌策略。单品牌策略是将市场中某一细分市场作为酒店的目标市场，如果酒店只有唯一的目标顾客和盈利源，宜采用单一品牌策略，这样可以向市场有效地传递清晰、准确的顾客价值定位信息。通常对于刚创建的酒店，或资金与实力有限的酒店，应选择单一品牌策略。以如家酒店为例，2008年12月以前，如家酒店专注于"干净、简洁、经济、温馨"为价值定位的经济型酒店经营，在经济型酒店市场确立起强大的品牌形象，为如家酒店带来了巨大的市场和收益。

多品牌策略是酒店选定多个细分市场，以不同的品牌定位不同的细分市场，满足不同档次顾客相异的价值需求，这样酒店就有多个目标顾客和盈利点，可以覆盖更大的市场范围，赢得更多市场机会与收益。实力和资源雄厚的酒店（集团）通常采用多品牌策略。

以喜达屋酒店及度假国际集团（Starwood Hotel & Resorts Worldwid, INC）为例，定位于奢华市场的品牌有"一丝不苟、量身定制、魅力、首善"的瑞吉（St Regis）、"刺激、运筹、洒脱"的W酒店（W Hotels）和"体验、精致、融入"的豪华精选（The Luxury Collection）等；定位于高档市场的品牌有"个性、直觉、灵动、焕发活力"的威斯汀（Westin）、"温暖亲切、联系感应、共通共享"的喜来登和"别致、高雅、探索"的艾美（Le Meridien）等；定位于中档市场的品牌有"诚信、简洁、舒适"的福朋（Four Point by Sheraton）、"张扬、睿智、新空间"的雅乐轩（Aloft）和"聪慧、恬憩、活力"的源宿（Element）等（谢琳，2014）。

其次，酒店品牌形象应建立在目标顾客特定的价值需求基础上，需要有与之相应的产品来实现与支撑。

酒店品牌形象是服务于一定的顾客价值需求的，而这种价值需求的实现需要相应的特色产品来支撑。酒店这种特色化的产品包括独特的地理位置、独特的硬件产品（如酒店设施设备）和独特的软件产品（如服务）等。

最后，必须注意保持优质、稳定的产品服务质量，这是巩固和强化酒店品牌形象，进而实现顾客满足与忠诚的基础。

酒店及其产品（服务）要树立知名或成功的品牌形象，其前提必须深受顾客的喜爱，而要达到这一目标，优质、稳定的产品服务质量则是基本条件。所以，酒店品牌建设必须从满足顾客价值需求出发，通过合理的产品（服务）的设计，建立一套科学严密的产品（服务）质量保障体系，以优质、稳定的产品服务质量，赢得顾客的信任，实现酒店品牌形象的强化与盈利的扩张。

第三节　顾客满意与忠诚屏障

一、顾客满意与忠诚屏障构成

顾客满意与忠诚屏障可以细分为顾客满意屏障与顾客忠诚屏障两部分。

1. 顾客满意屏障

顾客满意是顾客对酒店价值创造的认可，是酒店盈利的重要源泉。传统营销理论认为，顾客满意与顾客忠诚之间有着十分密切的关系。满意的顾客往往会对酒店产品或酒店本身产生忠诚感，再次光顾酒店的比例很高。通常认为，随着顾客满意度的提高，顾客忠诚度也会提高。而且，相对来说，满意顾客对酒店产品价格变化的承受心理比普通顾客高，是酒店潜在利润的主要源泉，也是酒店重要的盈利屏障。

同时，满意顾客还乐于对企业做正面的口碑宣传，这对酒店来说更为重要，原因在于与一般工商企业注重媒体广告营销不同，酒店更主要的营销手段是通过热情、周到、细致、高效的服务，满足顾客价值需求，获得顾客满意，在服务活动中完成对酒店产品与酒店的营销，进而通过满意顾客的口碑营销，为酒店带来更大的市场和盈利，从而确立起较高的盈利屏障，巩固和提高酒店的盈利能力与盈利水平。

关于顾客满意的概念，目前理论界表述很多，其中最具代表性的是营销大师菲利普·科特勒（2005）所给出的定义："满意是指一个人通过对一个产品或服务的可感知的效果（或结果）与他或她的期望值相比较，所形成的愉悦或失望的感觉状态"。

从上面的定义可以看出，顾客满意是顾客对产品或服务的可感知效果和顾客期望值之间对比的差异。如果顾客对企业产品或服务的可感知效果低于顾客期望，顾客期望得不到满足，则顾客不满意，就会产生抱怨。相反，如果顾客对企业产品或服务的可感知效果与顾客期望相当，顾客期望得到满足，顾客就满意。如果顾客对企业产品或服务的可感知效果超过顾客期望，顾客就会很满意，甚至非常满意。可见，顾客满意是一种顾客内在的心理反应，而不是一种外在的行为。

2. 顾客忠诚屏障

学者和企业界对于顾客忠诚的重要性都非常认可。但是，不同的学者对于顾客忠诚概念理解却存在重大分歧。

库恩（Kuehn，1962）用下一次购买选择可能性来表示顾客对某一品牌的忠诚。他指出顾客过去的购买行为将对未来的购买行为产生影响，顾客发生品牌转移的原因是企业产品在消费过程中出现了问题。

戴来（Day，1969）认为，真正的顾客忠诚只有当顾客的购买行为和对品牌承诺之间互动时才存在。他强调需要考虑品牌态度，以区分真正品牌忠诚消费者和虚假品牌忠诚消费者。他还开发了包括态度倾向和品牌选择两方面在内的品牌忠诚测量方法。

雅各比（Jacoby，1971）发现，当消费者在一个产品大类中考虑品牌时，顾客会把这些品牌放在一个偏好连续带上，并根据连续带上接受、中立和拒绝等不同位置对这些品牌进行定位，他认为品牌忠诚是拒绝和接受区域中品牌的位置和比例之间距离的函数。

纽曼和韦波（Newman、Werbel，1973）将品牌忠诚定义为重复购买某一品牌，并且顾客在购买时只考虑该企业产品的品牌，而且不需要收集其他企业产品的品牌信息。

塞尔尼斯（Selnes，1993）认为，顾客忠诚是顾客对于某一产品或服务的购买行为意向，即顾客未来购买的可能性大小。

琼斯和萨瑟（Jones、Sasser，1995）认为，顾客忠诚是对企业人员、产品或服务的一种归属感或情感。

通过对上述不同学者对顾客忠诚的表述，可以发现虽然定义各有不同，但概括起来顾客忠诚应主要包括内在的心理取向和外在的行为取向两个方面。具体来说，顾客忠诚表现为顾客对某一产品偏爱心理和重复购买行为。顾客忠诚应包括以下基本属性。

首先，顾客忠诚是一种内在心理取向，代表了顾客对某一产品或服务的偏爱和依赖心理，其中包含对这一产品或服务性能、品质的信赖。

其次，顾客忠诚同时是一种外在的行为取向，是顾客在内在的偏爱与依赖心理指导下，导致的购买产品和服务的行动取向，比较典型的界定指标如顾客重复购买次数、忠诚行为的持续时间等。

最后，顾客忠诚是内在心理与外在行为的融合体，顾客忠诚不仅是重复购买行为，更是一种心理倾向，是心理与行为的有机融合。

现实生活中，我们只能观察到顾客的重复购买行为，如果仅以重复购买来衡量顾客忠诚，还存在真正的顾客忠诚和虚假的顾客忠诚。学者戴克和巴苏（Diok、Basu，1994）认为，单单从行为上无法有效区分顾客的真正忠诚和虚假忠诚，顾客可能由于缺乏产品或服务的提供商而不得不与现有供应商保持关系，他们主张用顾客态度和顾客行为两个维度来评价顾客忠诚。根据这一标准，戴克和巴苏将顾客忠诚分为真正忠诚、虚假忠诚、潜在忠诚和不忠诚，如图8-2所示：

（1）真正忠诚（True Loyalty）：既有较高的重复购买行为，又对企业具有支持、信赖等积极的情感，这种类型的顾客是企业最有价值的资产，是企业盈利的最有效屏障。

（2）潜在忠诚（Latent Loyalty）：这类忠诚顾客具有较高的情感态度取

图 8-2 戴克和巴苏的顾客忠诚分类图

资料来源：Dick，Basu. Customer Loalty: Toward an Integrated Framerwork [J]. Journal of the Academy of Marketing Seicnce，1994（2）：99-123.

向，但重复购买行为少，可能是因为产品脱销、企业的地理分布或顾客自身资源限制等客观因素导致顾客购买不便。

（3）虚假忠诚（Spurious Loyalty）：较高的重复购买行为伴随着较低的情感态度取向，这类忠诚的产生往往是因为习惯性、便利性、缺乏替代品等原因，所以虚假的顾客忠诚很容易受外部环境变化的影响而转化为不忠诚顾客。

（4）不忠诚（No Loyalty）：低的情感态度取向和低的重复购买行为，这类顾客很少与企业有业务往来。

营销学家辛德尔还给了一个顾客忠诚的判定规则：一是对本企业具有明显的情感倾向性；二是对本企业产品或服务在购买行为上有实际的重复反应；三是对本企业新产品或服务几乎能无顾虑地首先购买；四是能承受本企业有限的涨价，也能抵制竞争者的降价倾销的诱惑；五是具有一定的影响力而形成一个顾客群体（王海燕、赵培标，2003）。

与顾客满意对企业盈利的保障与屏障作用相比，顾客忠诚对于企业盈利的保障作用更强。学者赖克哈尔德和萨瑟（Reiehheld、Sasser，1990）通过对美国 9 个行业的调查显示，当顾客忠诚度提高 5% 时，行业平均利

酒店盈利模式

润提高 25%~80%；失去一位老顾客的损失，需要通过争取至少 10 位新顾客才能弥补，而保留住老顾客的成本与赢得新顾客的成本比例约为 1：6。更重要的是老顾客比新顾客更有条件和可能参与企业新业务的拓展。

与此研究相似，沃顿学院（Wharto School）的一项跨行业研究也发现，只要每年的顾客流失率降低 5%~10%，公司的利润则会增加 25%~75%，程度多少视行业而定（哈维·汤普森，2003）。

顾客价值、顾客满意与顾客忠诚之间存在着密切的关系。载瑟摩尔（1988）将感知付出、感知质量、感知价值和顾客满意结合起来，提出了顾客忠诚模型（见图 8-3）。他认为感知价值受感知质量和感知付出的影响，进而对购买行为构成直接影响，在感知质量与购买意向之间没有直接的影响关系，而只是通过感知价值起间接的影响。

图 8-3 载瑟摩尔的顾客忠诚模型

资料来源：Zaithaml V. A.. Consumer Perceptions of Price, Quality, and Value: A Means-End Model and Synthesis of Evidence [J]. Journal of Marketing, 1988 (3): 2-22.

麦克杜格尔和勒文斯克（McDougall、Levesque，2000）通过对牙医、维修、餐馆和理发四个服务行业的实证研究，构建了包括感知质量、感知价值、顾客期望、顾客满意、顾客忠诚和顾客转移在内的模型（见图 8-4）。同时，该研究结果表明，感知质量和感知价值都是顾客满意最重要的驱动因素，只有顾客获得高度满意时，才会导致顾客忠诚。

对于顾客满意与顾客忠诚之间的具体联系，早期的营销理论认为随着顾客满意度的提高，顾客忠诚度也会提高。同时有研究证明，满意程度不同的顾客，其忠诚类型也不相同。只有非常满意的顾客，才与真正忠诚的

·204·

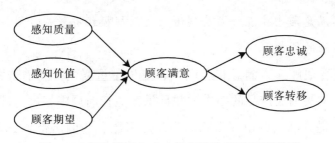

图 8-4 顾客满意与未来购买意向驱动因素模型

资料来源：McDougall G.H.G., Levesque T.. Customer Satisfaction with Services: Putting Perceived Value into the Quation. Journal of Services Marketing, 2000 (4/5): 392-409.

顾客存在很强的对应关系。仅仅表示了满意的顾客，既可能属于真正忠诚，也可能属于潜在忠诚、虚假忠诚，甚至不忠诚的顾客群体。这意味着，在激烈竞争的酒店行业，顾客满意只是顾客忠诚的必要条件，而不是充分条件。因此，酒店企业确立顾客忠诚盈利屏障的难度要远远超过建立顾客满意盈利屏障。

二、顾客满意与忠诚屏障作用

顾客满意与顾客忠诚能够作为酒店的一种重要盈利屏障，其重要作用表现为：

1. 顾客满意与顾客忠诚能够产生溢价空间和降低运营成本，增强了酒店盈利能力和抵抗风险能力

通常满意顾客和忠诚顾客对酒店产品的价格敏感程度较低，需求价格弹性也较低，满意和忠诚的顾客更愿意为他们所获得的利益付出较高的价格，而且对价格上涨的容忍度也会很强，酒店有较高的溢价和盈利空间。同时，满意与忠诚顾客较少关注竞争酒店的品牌和广告，这意味着酒店将能降低经营成本而获得更高利润，同时降低酒店经营与财务风险。

2.顾客满意与忠诚能给酒店创造一定的规模经济效应,增强了酒店盈利和抵抗风险的能力

相比于普通顾客,满意和忠诚顾客更乐于重复购买和消费酒店产品,倾向于提高购买酒店产品的档次,并且乐于免费向周围亲属与朋友为宣传酒店产品,提升酒店的市场影响力和品牌形象,为酒店带来更多的顾客,扩大酒店的市场占有率,产生规模经济效应,巩固和提高酒店盈利水平与能力,同时降低酒店的经营与财务风险。

3.顾客满意与忠诚能够促进顾客对酒店产品及酒店价值的感知,增强了酒店盈利和抵抗风险的能力

顾客价值同顾客满意与忠诚存在相互促进关系。一方面,顾客价值是顾客满意与忠诚的源泉,顾客是否满意取决于企业为顾客创造了多少价值。只有积极满足顾客价值需求,为顾客创造优异价值的酒店,才能使顾客满意并赢得顾客忠诚。另一方面,一旦顾客获得满意,并成为酒店的忠诚顾客,就会对酒店产品产生信任,并更大程度认同酒店产品,欣赏酒店为其作出的努力,增大对酒店产品的价值感知,对顾客价值产生显著反作用力。

因此,顾客满意与忠诚能够促进顾客对酒店产品及酒店价值的感知,增强酒店盈利和抵抗风险能力。

三、建立与巩固顾客满意与忠诚屏障的主要措施

酒店在建立和巩固顾客满意和顾客忠诚的盈利屏障时,可在以下几方面采取措施:

1."满足顾客价值需求,为顾客创造价值"是建立顾客满意和顾客忠诚屏障的前提、基础与重要经营理念

顾客对酒店产品的消费活动是围绕顾客价值需求展开的。顾客的每一次消费都来自一定的价值需求。在价值需求的刺激下,在消费行为发生之

前，顾客会对其拟消费酒店的产品产生预期顾客价值。这种预期顾客价值是顾客综合分析来自于各种渠道信息之后，所产生的对酒店产品价值的事先评估。

在酒店消费产品的过程中，顾客获得了对酒店产品的感知顾客价值，并将其与预期顾客价值进行比较。如果感知顾客价值小于预期顾客价值，顾客会不满意，在竞争充分条件下，不满意的顾客很难再消费酒店产品，也不可能成为酒店忠诚顾客，酒店也就失去从顾客身上再次盈利的机会。

相反，如果感知顾客价值与预期顾客价值相当，顾客就会满意，如果感知顾客价值远大于预期顾客价值，顾客就会非常满意。只有非常满意的顾客才更有可能成为酒店的忠诚顾客，重复消费酒店的产品，成为酒店持续创造盈利的源泉，构建起酒店的盈利屏障。

2. 持续提升产品质量，特别是服务质量，是确立顾客满意和忠诚屏障的关键因素

酒店顾客满意和顾客忠诚受产品价格、质量、情景、个人因素等多种因素的影响。

对于酒店这样的服务型企业来说，产品质量是影响顾客满意和顾客忠诚最关键因素。在产品质量中，除了要关注酒店有形产品的质量，更要关注服务质量。为了确立顾客满意和顾客忠诚屏障，酒店应从提高酒店服务质量入手，从服务细节入手，持续提升服务质量，建立起酒店顾客满意和忠诚屏障。

3. 引进会员制，为重要顾客提供高价值服务，是确立酒店顾客满意和忠诚屏障的有效途径

会员制是企业通过组建一定的组织，以顾客自愿参加的形式，为顾客提供个性化服务，培养忠诚顾客的制度安排。会员制经过许多国际知名酒店的实践，已经发展成为一种广泛认可的营销方式，并且是企业确立顾客满意和忠诚屏障的有效方式。

根据"二八定律",企业80%的利润往往来自20%的消费者,越来越多的企业认识到要想成功地持续经营,其关键因素已不仅仅是不断扩张顾客数量,而是要与重要顾客建立并保持一种长期稳定的互动关系。

根据顾客对企业的价值贡献(如购买能力、忠诚程度、为公司带来利润等因素),可以将顾客划分为不同群体,不同群体为企业创造价值的能力有着明显差异。以全球知名酒店集团之一的希尔顿酒店为例,在其不同类型的顾客中,"钻石加黄金荣誉会员"仅占顾客总人数的1%,却创造了6%的收入和28%的利润,而"会议和度假旅客"占顾客总人数的66%,却只创造了61%的收入和49%的利润(谭蓓,2008)。

酒店采用会员制要为会员提供适应于其价值需求的高价值服务。酒店为会员提供的高价值服务通常有:①专享优惠。以优惠的条件享受酒店的产品或服务,是酒店会员拥有的一项最常见的服务。②专享服务或活动。只有酒店会员,才能享受酒店特别为其提供的服务或活动,而普通顾客无机会享受这些服务或活动。③会员增值服务。为更好地满足会员顾客的价值需求,酒店以零收费或极低收费,为会员提供的一些增值服务。

案例

洲际酒店——优悦会 [①]

洲际酒店集团管理着全球最大的酒店忠实客户计划优悦会,在全球范围内拥有超过3900名会员。优悦会是世界上第一个并且是最全球化的酒店忠实奖励计划。通过该计划,优悦会会员可在全球100个国家的3500家酒店享有会员特权。

加入该计划后,亚洲区的会员入住洲际旗下的酒店就能积累酒店积分

---

① 资料来源:http://travel.sohu.com/20140709/n402007221.shtml。

或航空公司的飞行里程。会员等级分为俱乐部会员（Club）、金卡会员（G）、白金卡会员（P）三个等级。入住皇冠假日、英迪格、假日、智选假日酒店，每消费1美元，即可积攒10积分。

2012年11月1日起源于原有优悦会奖励计划基础上增加的优悦礼遇。

俱乐部会员可享：迎宾饮品。

金卡精英会员可享：迎宾饮品以及8.5折房型升级差价优惠，升级房型至行政楼层或套房。行政楼层可享受行政酒廊礼遇，免费客房网络服务（自2013年1月1日提供此项服务）。

白金卡精英会员可享：迎宾饮品以及免费客房升级以7折享房型升级差价优惠，升级房型至行政楼层或套房。行政楼层可享受行政酒廊礼遇，客房迎宾小食和免费客房网络服务（自2013年1月1日提供此项服务）。

4. 酒店应充分重视员工满意和忠诚对顾客满意与忠诚的影响作用，通过提高员工满意与忠诚来巩固和提高顾客满意与忠诚屏障

员工满意与忠诚对酒店确立和提高顾客满意与忠诚具有重要的影响和支持作用。酒店应充分重视员工满意与忠诚工作，营造起坚实的员工满意和忠诚屏障，以巩固和提高顾客满意和忠诚屏障。

第四节　酒店员工满意与忠诚屏障

酒店作为一种服务企业，员工满意度与员工生产率、员工缺勤率和员工保留率之间具有高度相关性，这种相关性不仅会对顾客满意和顾客忠诚产生直接影响，而且会最终对企业盈利产生重要作用，员工满意与忠诚是酒店一个重要的盈利屏障。

1994 年，美国哈佛大学商学院五名服务管理专家赫斯克特、琼斯、洛夫曼、萨塞和史科莱斯格（Heskett、Jones、Loveman、Sasser、Schlesinger，1994）提出了服务利润链模型（见图 8-5），认为员工是否满意会影响员工对组织的忠诚度，员工忠诚度的高低会影响向外提供的服务质量水平，进而影响顾客满意度和忠诚度，最终影响组织的利润。

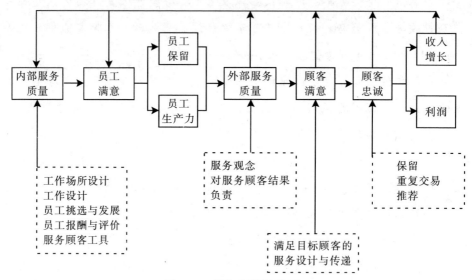

图 8-5 服务利润链模型

资料来源：Heskett James L., Jones Thomas O., Loveman Gary W., Sasser W. Earl, Schlesinger Leonard A.. Putting the Service-Profit Chain to Work[J]. Harvard Business Review, 1994（2）：170-174.

历经二十多年追踪考察了上千家服务企业，服务利润链无论从理论上和实践上都对服务企业发挥着重要指导，并取得了良好的效果。

同时，哈佛大学的一项研究给出了具体数据，员工满意度提高 5%，企业盈利随之提高 2.5%。美国席尔公司通过调查研究同样发现，员工满意度每递增 5%，顾客满意度会跟着提高 1.3%，同时企业业绩也随之提升 0.5%（刘丽丽，2007）。

由此可见，满意的员工会积极主动为顾客提供服务，真心满足顾客需求。相反，不满意的员工会直接或间接地将这种负面情绪传递给顾客。而顾客的满意与忠诚又会对酒店的利润产生关键性的决定作用。

总之，没有满意和忠诚的酒店员工，就不可能有优异的服务质量。没有优异的服务质量，就不可能有满意的酒店顾客。没有满意的酒店顾客，就不可能有忠诚的酒店顾客。没有顾客满意与忠诚屏障，就不可能有酒店良好的品牌形象。良好的酒店品牌形象对于巩固和提升酒店利润具有重要作用。因此，员工满意与忠诚屏障是酒店最基础和最重要的盈利屏障。

酒店要让员工满意，提高员工满意度与忠诚度，构建员工满意与忠诚盈利屏障，是一项复杂而系统的事项，酒店应从以下几方面入手，构建酒店员工满意与忠诚盈利屏障。

一、建立"为顾客创造价值，实现员工满意与忠诚"的公平制度体系

公平是每一个酒店员工都希望酒店管理者应具备的基本特征与素质，同时员工期望酒店存在维护公平传统与企业文化。

公平可以使员工确信自身的付出能够得到酒店的认可，并且能够得到相应的回报，进而促使员工能够更加努力地为顾客创造价值和为酒店做出努力。特别是在中国历史上长期以来存在"不患寡，而患不均"的文化传统，建立公平的传统与企业文化显得更为重要。

当然，公平不是绝对的平均。酒店公平的基本原则是：让那些尽最大努力满足顾客价值需求，为顾客创造价值和酒店创造利润的员工得到相应的激励与报酬；让那些浪费酒店资源，对满足顾客价值需求毫无贡献的员工没有生存的空间。只有坚持这一基本原则，才能让那些努力为顾客和酒店创造价值的员工获得满意，并忠诚于酒店。

具体来说，"为顾客创造价值，实现员工满意与忠诚"的酒店公平制

度体系由以下部分组成：

1. 公平的绩效评价制度

酒店应制定一套员工绩效评价制度，通过对员工绩效的科学评价，提高员工的公平感和满意度。

2. 公平的激励制度

在公平的绩效评价制度基础上，酒店应在职位提升、休假旅游等方面建立公平的激励制度，重奖有突出绩效与表现的员工，使员工真正体会到付出与回报是对等的，提高员工的公平感和满意度。

3. 公平有竞争力的薪酬分配制度

酒店从业人员主要以年轻人为主，这些员工普遍面临结婚成家、生子养老等人生大事，是一个对薪酬需求相对较高的时期，薪酬高低与公平程度是决定其是否选择在酒店工作的重要原因。酒店因此要建立公平的薪酬制度，提升员工公平感和满意度。

二、形成有效的信息沟通体系

有效的信息沟通是酒店成功的一个重要因素。沟通可以使酒店管理者和员工相互了解，使酒店正确的战略意图与经营管理决策能够很快被员工理解和接受，能够为顾客创造预期价值。

同时，有效的信息沟通一方面可以使酒店及时获得员工在对客服务过程中获得有关顾客需求的信息和想法，及时进行产品设计或创新，更好地为顾客创造价值和提供服务；另一方面可以使员工有机会充分表达自身想法，体现出酒店对员工的尊重，使员工获得尊重感，有效提高员工满意度。

酒店可以采用的信息沟通制度与方式主要包括：

1. 酒店管理高层接待日

酒店可以规定每月（或每周）固定的某一天为酒店高层接待日，在此期间酒店所有员工都有机会直接与酒店高层进行对话，完成信息沟通与交流。通过固定的酒店管理高层接待日制度，使酒店员工有机会向酒店高层管理者反映在工作、生活中存在的问题与想法，体现出对员工的关注与尊重，这样一种制度不仅是一种有效的信息沟通制度，更体现出对员工尊重与关爱的企业文化。

2. 总经理信箱

酒店既可以在固定的位置设置总经理信箱，定期收集信箱内的意见与建议，还可以通过总经理电子邮箱形式收集员工的意见与建议。借助于总经理信箱这一信息沟通方式，使员工可以更为自由地（例如既可以署名，也可以匿名；既可以在上班时间，也可以在休息时间；既可以在工作场合，也可以在非工作场合）向酒店最高管理者反映在工作、生活中存在的问题，表达对酒店经营与管理方面的想法与建议。

3. 信息公开

酒店可以利用各种现代化手段，如酒店内部局域网、公共邮箱、创办酒店报纸、杂志、宣传栏、酒店员工微信群等，让员工了解酒店更多信息，保证信息沟通的及时性、公开性和公平性。

酒店利用现代化手段，公开的信息包括：①酒店业整体发展方面信息，如酒店业发展动态信息、各类人才需求信息等，让员工知道自己所处酒店及旅游行业的发展状况。②酒店自身的经营管理信息，酒店自身的战略目标与措施、经营管理动态、经营管理完成情况等，让员工知道自己所处的酒店"要做什么、在做什么、做得怎么样"，让酒店员工关心酒店的经营与管理，激发和增强员工工作的责任感和积极性。③酒店培训方面的信息，如员工的培训计划、培训方案与项目、培训效果等，提高员工技能与培训热情，在酒店内部形成良好的学习氛围。

如果酒店能够及时、有效地对员工所反映出的信息进行有效处理，就能使员工感觉到酒店非常在乎他们的想法，能感觉到自己是酒店的一员，寻找到酒店"主人"般强烈的归属感和责任感，有效提高员工满意度，降低酒店员工流失率，使员工能够更加有效地为顾客提供高价值的服务，为企业盈利做出贡献，形成有效的盈利屏障。

三、构建完善的培训和职业发展体系

从长远的观点来看，员工满意度能否不断提高，并且长期保持，与酒店是否能够给员工提供充分培训和职业发展体系，使其个人职业能力与素质随酒店的发展而成长这一因素紧密相关。

因此，通过员工提供完善的培训和职业发展体系，对于提高员工满意度，也是一种非常有效的途径。同时，培训和职业发展体系更关键的作用是不仅可以提高员工对客服务的积极性和主动性，而且可以有效提高员工对客服务的本领与技能，更好地满足顾客的利益需求，为顾客创造更大的价值，赢得顾客的满意与忠诚，提高酒店的市场竞争力，确立强有力的盈利屏障。

酒店对员工进行培训，提高其工作的能力与满意度时，应遵循以下原则：

1. 培训内容全面完整

培训应包括知识培训、技能培训和素质培训等主要方面。知识培训既应包括员工具备完成本职工作所必需的专业知识，同时还应包括酒店发展战略、经营方针、经营状况、规章制度、市场竞争等知识。技能培训应围绕员工所在岗位应具备的技能进行培训。素质培训应以培养员工形成热情友好、诚实正直、积极努力、热爱生活以及高尚的道德情操为目的，围绕提高员工的心理素质和职业素质展开。

2. 培训质量控制体系健全

健全的培训质量控制体系应包括培训前、培训中和培训后三个阶段的质量控制。培训前主要是做好酒店培训需求分析、确定培训目标、制定培训计划，这是提高员工培训满意度和培训质量的关键。培训中的质量控制是整个培训质量控制的核心，该阶段着重于培训的组织管理、培训目标和培训教学的衡量与管理。培训后则要做好培训后的考核评估及效果跟踪。

第九章
酒店盈利家

第一节 盈利家含义

　　盈利家是指具有极强市场预见性、远大抱负、创新与冒险精神，设计和创新企业盈利模式的企业家个人或创业团队。

　　盈利家本质上属于具有企业家素质与创业精神的个人或创业团队。正如著名的经济学家熊彼特（Schumpeter，1992）强调，企业家的职能是"创造性的破坏"，"企业是实现新的生产要素组合的经营单位，而企业家是实现生产要素组合的人。这种组合，是一种创新的组合，通过这种创新的组合，建立新的企业生产函数，从而导致社会经济持续的变化，推动社会经济的发展"。

　　盈利家与一般意义上的企业家或创业者的不同之处，在于他们对企业的利润有着特别的敏感与把握，并能够在企业经营管理变革创新中始终坚持对企业利润的关注与坚守。

　　盈利模式中盈利家的职能同样是一种"创造性的破坏"，这种"创造性的破坏"与通常意义上的"创造性破坏"不同之处在于，集中表现为"对企业盈利模式的创造性破坏"，即通过对企业盈利模式各要素的创新或系统性整合，建立起新的盈利模式，企业依靠盈利模式的持续创新，可以获得持续而稳定的盈利，从而保证企业持久的生存与发展。

第二节　酒店盈利家基本素质

盈利家作为一个比一般意义上的企业家要求更高的个体或团队，必然具有更高的素质要求，才能真正承担起相应的责任。具体到酒店业来讲，要成为酒店企业的盈利家，需要具有以下基本素质或潜质，才有可以成为一名酒店盈利家。

一、对酒店利润持续的渴望、追求和坚守

酒店是一种企业，企业是一个功利性的组织，经营企业或创业者创办企业的首要和核心目标是对盈利的渴望和迫切追求。同时，通过企业盈利为社会创造财富，也是企业应该承担的首要社会责任。从这种意义上讲，盈利既是企业一切活动的出发点，又是企业一切活动的最终目标。企业盈利模式本质是实现盈利的关键要素和内在逻辑，盈利家的本质要求是要始终保持对盈利的渴望。

优秀企业家柳传志的"三不做"原则："不赚钱的事不做；有钱赚但所需投资超过自己的融资能力的不做；有钱赚也投得起钱但没有合适的人不做"，也集中体现了其对企业作为一个盈利性组织这一基本原则的坚守。

盈利家对盈利的坚守不仅体现在创业初期，更加体现在企业和事业实现一定规模的发展，面临更多的诱惑和选择之时。这时，常见的诱惑是企

业要快速扩大规模、赢得更大市场份额，把竞争对手挤出市场。有不少企业，包括一些酒店集团在内，正是一味地追求市场规模和资产规模，最终大而无利，不仅没有把竞争对手挤出市场，反而把企业自身给拖垮了。

因此，一个真正的盈利家，要始终把企业发展的根本目标定位于盈利，通过对盈利环境的敏锐洞察，适时对盈利模式进行变革与创新，保证企业在同样的市场环境中能够比竞争对手创造更多盈利，推动自身事业和企业实现更加持久的发展。

对盈利持续渴望和坚守，是盈利家区别于普通企业家或创业团队的显著特征和重要标志。这种例子在酒店业显得更加突出。

据美国《Hotels》杂志公布的 2010 年世界酒店集团排名，排名前十位的分别是：①洲际 Inter Continental Hotels Group PLC，Windsor，England；②温德姆 Wyndham Hotel Group，Parsippany，New Jersey；③万豪 Marriott International Inc.，Bethesda，Maryland；④希尔顿 Hilton Worldwide，McLean，Virginia；⑤雅高 Accor Hospitality，Paris，France；⑥精品国际 Choice Hotels International Inc.，Silver Spring，Maryland；⑦最佳西方 Best Western International，Phoenix，Arizona；⑧喜达屋 Starwood Hotels & Resorts Worldwide Inc.，White Plains，New York；⑨卡尔森 Carlson Hotels Worldwide，Minneapolis，Minnesota；⑩凯悦 Hyatt Hotels Corp.，Chicago，Illinois。

在这前十名中，有九位创始人是白手起家，他们分别是：洲际的凯蒙斯·威尔逊（Kemmons Wilson）；温德姆的豪生·约翰逊（Howard Johnson）；万豪的威拉德·马里奥特（Willard Marriott）；希尔顿的唐拉德·希尔顿（Conrad N. Hilton）；雅高的保罗·杜布吕（Paul Dubrule）及杰拉德·贝里松（Gérard Pélisson）；喜达屋的欧内斯特·亨德森（Earnest Henderson）；卡尔森的柯蒂斯·劳·卡尔森（Curtis Leroy Carlson）；凯悦的普里茨科（Pritzker）。

在排名前十位的酒店集团中有 90% 的酒店集团是白手起家，正是对利润的渴望、追求与坚守，使得他们走上了酒店创业之道，通过不懈努力，创造了庞大的酒店帝国。

案例

饭店大王唐拉德·希尔顿 [①]

1887 年圣诞节那一天，希尔顿出生在美国新墨西哥州一个荒凉的小镇上，但是圣诞老人似乎没有给希尔顿和他的家庭带来特别的好运。父亲起早贪黑，整天东奔西跑，为养家糊口、积攒家业而疯狂地工作着。母亲担当起繁重的家务，为把几个子女抚养成人，皱纹过早地爬上了她的额头。

1907 年，经济恐慌袭击了美国，一场全国性的经济危机爆发了，希尔顿的父亲也没能逃过去。一夜之间，希尔顿一家陷入了困境，家中仅剩下一间堆满货物的五金商店。为了摆脱危机，他们把货物尽快处理掉，腾空房子开办了"家庭式旅馆"。父亲当总管，母亲做饭菜，而希尔顿和弟弟则责无旁贷地担负起揽客的任务。在小旅馆中，希尔顿的主要工作是到火车站去等车接客人。

这个小车站每天只有三班车，但安排的时间却好像存心整他似的，一班在中午，一班在午夜，还有一班则在凌晨 3 点。"在寒冷的冬天，一夜之间从被窝里爬起来两次，冒着刺骨的冷风到车站去等客人，这种痛苦的滋味，在我心灵上留下永难忘怀的烙印。"希尔顿后来坦白地说，"当时我对旅馆生意产生了很恶劣的印象。"除了去火车站接客之外，他还要做其他杂务工作，如照顾客人吃饭，替客人喂马洗车等，从早上一直忙到晚上，非常辛苦。也正是对于这种痛苦的体验，使得希尔顿在后来创业的日子里，能够经受住更大的失败和挫折。

---

① 康丽. 饭店大王唐拉德·希尔顿 [J]. 财经界，2008（9）：123–125.

1919 年，父亲遇车祸身亡，希尔顿退伍回家。希尔顿干起了父亲留下的小本买卖。当银行家的梦想重又在他心头熊熊燃烧，但他已没有了银行，手头只剩下 5000 美元的积蓄，梦想怎么成真呢？"要想放大船，必须先找到水深的地方"，父亲的话在耳边响起。希尔顿决定走出家乡，去赚大钱，去创立自己的事业。这一年，他已经 32 岁。

希尔顿来到了当时因发现石油而兴盛的得克萨斯州，那里云集着大批来发石油财的冒险家。得克萨斯州似乎遍地都是黄金。钻油的工人穿着皮靴，套着金光闪闪的裤子，好像不久的将来，他们都将是百万富翁了。希尔顿却对石油不感兴趣，他想继续战前的银行事业，连续跑了两个城镇，问了十几家银行，但没有一家愿意出手。他碰了一鼻子灰，却并未因此气馁，他又来到第三个城镇——锡斯科。

他刚下火车，走进当地第一家银行，一问，就被告知它正待出售。卖主不住这儿，要价是 7.5 万美元。希尔顿一阵狂喜：价格公道！他立即给卖主发了份电报，愿按其要价买进这家银行。然而，卖主却在回电中出尔反尔，将售价涨至 8 万美元，而且不准还价。希尔顿气得火冒三丈，当即决定彻底放弃当银行家的念头。他后来回忆道："就这样，卖主那封回电改变了我一生的命运。"

在碰壁之后，希尔顿余怒未消地来到马路对面的一家名为"毛比来"的旅馆，准备投宿。谁知旅馆门厅里的人群就像沙丁鱼似的争着往柜台挤，他好不容易挤到柜台前，服务员却把登记簿一合，高声喊道："客满了，8 小时后再来碰运气吧！"

接着，一个板着脸的先生开始清理客厅，驱赶人群。正是在这个场景中，希尔顿看到了住宿业这个充满希望的大市场。希尔顿忽然灵机一动地问："你是这家旅馆的主人吗？"对方看了他一眼，随即诉起苦来："是的。我在这个鬼地方已经待够了，赚不到钱不说，还被困住，还不如去干石油呢。任何人出 5 万美元，今晚就可以拥有这儿的一切，包括我的床。"旅店老板似乎下定了卖店的决心。

三个小时后，希尔顿仔细查阅了毛比来旅馆的账簿，经过一番讨价还价，卖主最后同意以4万美元出售。希尔顿立即四处筹借现金，终于在一星期期限截止前几分钟，将钱全部送到。从此，毛比来旅馆易了主，希尔顿干起了旅馆业。他立刻给母亲打电报报喜："新世界已经找到，锡斯科可谓水深港阔，第一艘大船已在此下水。"

毛比来是个小旅馆，往往是客人过多而无法安排。希尔顿经过不断思考和摸索，对它进行了有效的改造，把餐厅隔成一个个小房间，增加了20多个床位；又把大厅的一角辟为一个小杂货铺。这种修改给旅馆增加了一笔可观的收入。希尔顿由此悟出了经营旅馆业的第一个原则，即"装箱技巧"，把有限的空间巧妙地加以利用，使旅馆的土地面积和空间产生最大的效益。他后来又称之为"探索黄金"原则，意思是要使旅馆的每一尺地方都产生出"金子"来。

这一原则也构成了希尔顿酒店盈利模式中盈利杠杆组成部分。从希尔顿的创业之史中，可以看到他对利润与财富的渴望。正是在利润与财富的激励下，他从这个"毛比来"小旅馆起步，开始了他的酒店创业之旅。

1954年是希尔顿事业的顶峰，他总结整理出了很有价值的管理经验。[①]他要求经理们必须具有预测和判断能力，对于下个月经营所需要的人、财、物等，都要有个比较准确的预计，否则不是造成浪费，就是耽误了对顾客的服务。他主张日用必需品直接向制造商大量购买，因为这样可以省钱。他还主张饭店的每一寸空间都要派上用场，争取创造最高的盈利。

---

① 熊雄. 希尔顿：没有休止符的一生 [J]. 中外企业文化，2003（10）：28-30.

二、敏锐的洞察力和极强的机会捕捉力

酒店及旅游业是一个受多种因素影响，敏感而多变的行业。特别是人类当前所处的 21 世纪，是人类生活变化与发展最快时代。以绿色环保、人工智能、移动互联等为代表的现代信息技术飞速发展，正在对传统酒店业形成巨大的冲击。

这就要求酒店盈利家不仅要有丰富的旅游业、酒店业或服务业的经营管理经验，更应及时了解或正确把握旅游与酒店业市场、技术的发展趋势，了解并正确把握国家及国际的政治、经济发展趋势，发现潜在的盈利市场与机会。

处于当前快速多变的竞争环境中，市场和盈利机会稍纵即逝，酒店盈利家不仅要快速感知变化，发现潜在的盈利市场与机会，更要及时抓住有利的时机，以恰当的盈利模式变革回应这趋势，实现酒店企业的创建与成长。错过了盈利市场与机会，可能这个盈利市场与机会就永远也找不回来，甚至可能使企业落后于竞争对手与酒店市场发展，最终危及企业的生存。盈利家在捕捉和利用盈利和创业时机时，应像猛虎扑食，雄鹰扑兔一样，当机立断，迅速采取行动。

案例

希尔顿饭店的成功宝典——"饭店大王"是如何打造其
"饭店王国"的（1）[①]

20 世纪 60 年代，希尔顿敏锐地意识到美国国内饭店已基本饱和，饭

---

① 许宁.希尔顿饭店的成功宝典——"饭店大王"是如何打造其"饭店王国"的 [J].心理世界，2007（4）：8-10.

店利润日渐缩小。因此，在第73家饭店的落成典礼上，他宣布"到此为止不在国内建造饭店了"。他采取"避实击虚，投资海外"的经营战略，施展他资本运用理论和实践动力，实施向海外拓展的战略，无往不胜。

他说："希尔顿国际企业的经营，是依据独特的哲学发展而成的。我们向海外发展，并非为美国向国外吸收利益，而是要和海外的企业家携手合作，共存共荣。自然在海外经营饭店，是替国内的股东谋取利益，不过，倘若目的仅仅在此，那就不必在海外发展任何事业，因为在国内同样可以达到这个目的。"

为了满足其资本运营的需要，希尔顿大力开发海外饭店和市场。在美国本土以外，希尔顿饭店一座座建立起来。在英国，希尔顿饭店建在了白金汉宫的旁边，而且还可以从饭店的楼上一览无余地眺望白金汉宫的庭院。尽管当时在英国引起了轩然大波，但却满足了人们对王室的好奇心，饭店入住率居高不下。希尔顿正是凭借着其独特的经营眼光，在世界各地建立了200多座希尔顿饭店。当有人问希尔顿成功的诀窍时，希尔顿露出所向无敌的微笑，意味深长地说："站在时代的前沿，这是我的诀窍。"

三、深入理解和准确把握顾客价值需求的能力

酒店要获得更大的利润，就要能够持续为顾客提供更加满意的服务。因此，酒店盈利家要树立"顾客永远第一"的经营理念，不断发掘顾客价值需求，积极为客户创造价值，提高客户的忠诚度和满意度。

酒店作为直接为顾客提供服务的企业，酒店盈利家要时刻紧密贴近顾客，深入酒店服务与经营管理一线，及时理解和准确把握顾客价值需求，以高品质的服务满足顾客需求，从而为酒店创造利润。

案例

希尔顿饭店的成功宝典——"饭店大王"是如何打造其
"饭店王国"的（2）①

希尔顿深刻理解到酒店顾客对热情、温馨服务永恒的需求，在 50
多年的时间里，希尔顿不断地亲自到他分设在各国的希尔顿饭店、旅馆
了解情况，他向各级人员说得最多的一句话必定是"你今天对客人微笑
了没有"。

因此，无论你在哪里，只要你走进希尔顿的旅馆，迎接你的永远是灿
烂的笑脸。即使是在美国经济最为萧条、希尔顿的旅馆一家接一家亏损的
年代里，希尔顿服务员的脸上也依旧挂满灿烂的笑容，给客人带来无限的
温馨、慰藉、希望和信心。

希尔顿曾讲过一段著名的话："如果旅馆里只有第一流设备而没有第
一流服务员的微笑，那些旅客会认为我们供应了他们喜欢的全部东西吗？
如果缺少服务员的美好微笑，正好比花园里失去了春天的太阳和春风。假
如我是旅客，我宁愿住进虽然只有残旧地毯，却处处见到微笑的旅馆，也
不愿走进只有一流设备而不见微笑的地方……"由于希尔顿对企业礼仪的
重视和教育，他的员工很好地理解了企业的礼仪——微笑服务，并把贯彻
执行企业礼仪变成他们的自觉行为。凭着微笑的利剑，希尔顿的饭店征服
了客人，征服了世界。

---

① 许宁.希尔顿饭店的成功宝典——"饭店大王"是如何打造其"饭店王国"的［J］.心理世界，
2007（4）：8–10.

案例

汉庭酒店连锁 CEO 季琦：书写连续创业传奇 ①

中国汉庭连锁酒店创始人季琦也是一个具代表性的例子。在季琦的创业史中，1999 年是个值得纪念的年份。1999 年春节刚过，在尚未褪尽的节日气氛中，季琦、沈南鹏、梁建章、范敏等几个充满激情的年轻人聚在一起，热烈地讨论起携手创业的理想计划。尽管互联网进入中国已经有 10 年的时间，但几位年轻人认为，互联网在中国"还只是刚刚开始"。互联网为创业者带来的机会不仅仅体现在技术和商业模式上，"体会互联网的精神，用这种精神去整合传统产业非常有用"。最后他们的结论是："在中国做一个向大众提供旅游服务的电子商务网站。"

不过，选择旅游作为创业切入点，却和一组统计数据有关。这些年轻人得到的一组数据显示，中国已经被世界旅游组织认定为 21 世纪全球最大的旅游市场。然而，在经营上，国内旅行社的接待人数和盈利水平却呈现连年下降的态势，营业毛利率不足 10%，全国旅行社的总市场占有率还不到 5%，其余 95% 都是散客。

"互联网资源则可以很好地弥补传统旅游业地域性、时间性、管理有效性等方面的不足，从而能够很好地去'消化'那 95% 的散客。"这几位年轻人相信，网上的机票和酒店预订业务，可以让全国各地的旅行者统一起来向酒店和航空公司下单，让每一个人通过网络享受同等的待遇，而这是被行政区划人为割裂的传统旅行社无法做到的。30 个月后携程上市的事实证明，这些年轻人这个"切入点"的确选得精准。

而创建"如家"经济型连锁酒店，也是因为一组数据带来的"偶然"。2001 年，携程网的一位网友在网上发了个帖子，抱怨说在携程上预订宾

---

① 邢飞.汉庭酒店连锁 CEO 季琦：书写连续创业传奇［N］.经理日报，2009-1-2（2）.

馆的价格偏贵。这引起了季琦的注意，他意外地发现了以携程为出发点搞经济型酒店连锁经营所具备的独占性优势。"我们做这种类型的酒店连锁，优势就在于携程所拥有的庞大的订房网络、运营能力和融资能力。"

　　刚刚创办如家的时候，季琦亲自去北京整合各方资源，住在公司租的一套四室两厅里。没多久，季琦觉得现有的创业队伍基本都是来自各个星级酒店，他们的行为做派和"经济型酒店"相差甚远。季琦说，"我觉得应该让他们知道什么是'经济型酒店'，我们应该怎么做事、做人，于是，我就从那个高档社区里搬了出来，搬到地下室去了。"

　　当时季琦的一位朋友曾经不解地跟他说："季总，你不能住地下室吧？没听说过 CEO 住地下室的啊！"季琦说："那我这个 CEO 就住给你们看。"在那间位于西直门附近的地下室，季琦住了将近一年。房间不大，没有厕所，洗澡和方便都要穿过一条长长的走廊，冬天屋里有暖气片，"还好，不算冷。"

　　如家之前，中国的经济型酒店只有锦江之星和新亚之星。2002 年，季琦带着一个本子、一把尺，一个老式的佳能胶卷相机，把上海和宁波两地的每一家锦江之星都住了一遍，房价多少、多少间房、床有多宽、门有多高，都一一记下来。闲时还和值班经理、服务员聊天，客源资料和成本结构都摸得清清楚楚。

　　2005 年初，季琦又创建了一个"汉庭"的品牌，他开始挥师进军"中档连锁酒店"。这个被业界戏称为从创业"美女"到创业"仙女"的持续创业者，在一手创办了携程和如家后，又将重心落在了中档酒店品牌——汉庭酒店的打造上。

　　"在做如家的时候，就已经看到了汉庭的市场。"季琦表示，相对于如家的"干净、经济、温馨"的口号，汉庭以"现代、舒适、超值"的特点来区分。他希望通过提供更宽大的床和办公区域、豪华淋浴以及免费宽带等，来拉开与莫泰 168、如家之间的差距，开拓一片新的市场。

季琦表示，商务客人的首要需求是"睡好觉"、"洗好澡"、"上好网"。所以客房的床一定要舒服。除了睡眠以外，为满足客人随时随地的商务便捷需求，汉庭的公共区域有免费无线网络覆盖，客房内的床头和办公桌上各有一个网线接口；酒店大堂设有开放式商务图书馆，其打印机、传真机和电脑均可以免费使用。

第一家汉庭酒店，季琦选择在江苏昆山火车站，"昆山是苏州经济开发区，商务交流频繁，而火车站又是一个城市人流量大的地区，如果这里能成功，那么汉庭在全国都能成功"。后来的结果证明了季琦的判断，"汉庭在昆山火车站的分店今天依旧是汉庭最挣钱的分店之一"。

2009年再开100家汉庭酒店连锁住宿业必然会有大发展，汉庭一定会成为人们出行的首选。季琦表示，汉庭2008年获得的第二笔5500万美元的融资已经到位，下半年资本市场紧缩，所以资金的流向集中到一些优质的企业。种种迹象表明，品牌经济型酒店依然被资本青睐。

据悉，2008年汉庭新开酒店数量已经从原本计划的160家减到100家，而2009年扩张速度与此相近，新开酒店依然保持在100家左右，以定位标准经济型酒店的汉庭快捷为主，同时"也有计划收购其他酒店"。

资本市场低迷恰恰是收购兼并最好的时期，随着经济形势日益严峻，在整个市场对经济型酒店的"梦幻期许"降低过后，洗牌期似乎已经提前到来，季琦表示，汉庭已经在北京收购了一家精品酒店，同时汉庭酒店已经在上海收购了5家店，而相当多的三四星级惨淡经营的酒店，也会成为汉庭收购的目标对象。

季琦表示，目前中国城市化进程正在加快，预计到2010年中国城市人口大约有6亿。"连锁住宿业必然会有很大市场，将汉庭打造成消费者出行的首选酒店，是我们目前的最大目标之一。"

创建携程旅行网，30个月上市；开创"如家"经济型连锁酒店品牌，三年跃居中国酒店业"前十"；开创的商务连锁酒店"汉庭"已经开始崛起。季琦，这位身家亿万的富豪自从1992年离开学校后，始终保持着每三年换一个崭新身份的纪录。季琦似乎从来没有停下来的打算，他说："携程、如家成功了，但我不能歇着，还有很多别的机会。"

"个体的生命相对于世界是十分短暂的，或者庸庸碌碌、平淡无奇；或者积极向上、奋发作为。"季琦笑着说，"弹个曲子喝个酒，我当然想有那么一天。但现在我的内心还是充满了躁动，冲劲十足，享受生活也只是个梦想罢了。目前，还是创业更能给我带来快乐。"

四、大胆的冒险精神、坚定的自信和理性驾驭风险的能力

具有冒险精神也是成功盈利家的一个重要的个性素质特征。高盈利率和高风险性既是市场竞争的必然产物，同时伴随市场竞争始终。世界上成功的企业家往往和具有冒险精神与果断决策能力相联系。公司企业家精神体现的就是创新与风险承担精神。因此，盈利家作为一种特殊意义上的企业家，应该具有敢于冒险的精神与能力。

为企业创造利润和为社会创造财富是盈利家的愿望与追求。然而，通过创业活动，创造利润与财富的过程中，充满风险与挑战，难免遇到各种各样的困难，暂时的亏损、挫折与失败通常在所难免。对于盈利家来说，如果内心没有对创造利润和财富持久的渴望与追求，通过创业实现创造利润与财力的道路很难坚持不懈地走下去。

自信、乐观和坚定而持久的信念对盈利家来说同样非常重要。越是在困难面前，盈利家越表现出应有的自信。而且，这种自信还具有极大的感染性与传染性，不仅能感染盈利家周围的团队与员工，而且会通过这些员工传染给企业的所有员工，进而形成一种积极的文化，极大地推动企业的成长。

盈利家不惧怕风险，勇于大胆承担风险，但是他们决不盲目地冒险。

盲目冒险很可能将企业置于危险境地，这绝不是理性盈利家所做的事情。盈利家具有冒险精神的同时，还应具有驾驭风险的能力。他们更愿意冒那些他们认为能够承担后果，能够控制结局的风险。

只有盈利家具有了大胆创新精神和理性驾驭风险的能力，才能够使企业"居安思危"，带领企业员工与时俱进，使企业永葆青春与活力，持久地为企业创造利润和为社会创造财富。

盈利家应始终保持对自身既有盈利模式的批判与反思，能够根据环境变化，顺应市场变化与时代需要，适时地对盈利源、盈利点、盈利杠杆或盈利屏障进行创新与变革，做到"东方不亮，西方亮"、"黑了南方，有北方"，使企业能够保持持久的创造利润的动力与能力。

案例

饭店大王唐拉德·希尔顿①

1924 年，希尔顿已对接受二手饭馆产生了厌倦感，他内心萌发出一个更伟大的梦想，要建造自己的新旅馆。他对母亲说："我要大刀阔斧地干一场。第一件事，我要集资 100 万美元，盖一座名为希尔顿的新旅馆。"

而此时，希尔顿手头只有 10 万美元，单独盖一座投资 100 万美元的新旅馆谈何容易？但他决心冒这个风险。他看中了达拉斯市中心的一块地，经过谈判以每年租金 3.1 万美元，租期 99 年，租下这块地产。接着又以这块地产做抵押筹集贷款。多位好友也向他伸出了援助之手。

1925 年 8 月 4 日，"达拉斯希尔顿大饭店"终于落成，举行了隆重的揭幕典礼。这只是个开始，1928 年，希尔顿 41 岁生日的时候，他已经有了 8 家饭店，希尔顿饭店正式宣告成立，统一了所有的连锁店。而希尔顿

---

① 郑均良. 饭店大王唐拉德·希尔顿 [J]. 名人传记（财富人物），2009（2）：42-45.

决心向更广阔的世界去扩展。1929 年秋天的一天，他宣布在埃尔帕索城中心"拓荒者广场"开始建造一家耗资 175 万美元的希尔顿大饭店。雄心勃勃的希尔顿怎么也没想到，他正面临着一场空前的大灾难。

19 天后，纽约股票市场全面崩溃。全美爆发了有史以来最严重的经济危机。很快美国东部经济陷入瘫痪状态，一些人纷纷跳楼自杀。经济大恐慌像瘟疫一般向南部袭来，正处于事业巅峰的希尔顿感到自己正坠向深渊。

尽管如此，埃尔帕索的希尔顿大饭店还是在 1930 年 11 月 5 日建立起来。这在当时简直是一个奇迹！大饭店揭幕那天，观众比旅馆一年的宾客人数还多。当人们看到华丽的套房、直达云霄的 19 层大厦和 300 多间以印第安人、西班牙人以及拓荒者的传统风格布置起来的房间时，无不惊讶，叹为观止。

但是在那样的萧条年代，温饱都没有，又有谁来住这样豪华的饭店呢？再加上维持饭店的各种基本设施费用，希尔顿被迫卖掉了几个连锁店，但还是无法应付一天天堆积起来的债务。他已经到了走投无路的地步。

就在他濒临绝望的时刻，奇迹发生了。7 位仍然对希尔顿充满信心的亲友各自掏出了 5000 美元，有一张支票上签的名字是"玛莉·希尔顿"，那是他的母亲！为了助儿子一臂之力，这位伟大的母亲倾其所有。

之后，希尔顿借到 5.5 万美元。他孤注一掷，投资石油。他清楚，如果成功，数字将翻番；如果失败，将再次一无所有。希尔顿把仅剩的 8 角 8 分钱装进口袋，在借据上签了字。上帝没有辜负他，在以后的 3 年中，正是这个油矿为他付清了所有欠款。

由于希尔顿具有顽强的意志和坚强的信心，他仍然艰难地维持了下来。熬过 20 世纪 30 年代的大萧条，当罗斯福总统的"全国复兴法案"颁布之后，希尔顿开始感到脚跟已经站稳，可以再跨前一步，去继续尝试实现自己的美梦了。

1936 年，希尔顿拥有的旅馆又恢复到了 8 家。在几次成功的收购后，希尔顿并没有满足，因为他想要得到的是世界上最大的饭店——芝加哥的史蒂文斯大饭店，为此，他一直暗中关注着它的动向。1945年，机会来了，希尔顿与史蒂文斯饭店老板经过三次讨价还价，终于以150万美元买下了这家饭店。

永不满足的希尔顿又把自己的目标瞄准了纽约，瞄准了被誉为"世界旅馆皇后"的华尔道夫大饭店。这家饭店位于纽约，堪称世界上最豪华、最著名的饭店。早在1931年，希尔顿第一次在报刊上看到这座大饭店的照片时，把这张照片剪下来，在它下面写上"饭店中的佼佼者"几个字。将这张照片压在办公桌的玻璃板下。这是他梦寐以求的理想之物，他发誓一定要弄到手。经过前后18年的努力，希尔顿终于如愿以偿。在1949年10月12日那天，这家饭店终于属他所有了。希尔顿后来提起这件事，总是感慨地说："收买'华尔道夫'，是我生命中的一个转折点。"

1954年10月，希尔顿再接再厉，用1.1亿美元的巨资买下了有"世界旅馆皇帝"美称的斯塔特拉旅馆系列，这是一个拥有10家一流饭店的连锁旅馆。希尔顿成功地做成这笔交易，是旅馆业历史上最大的一次兼并，也是当时世界上耗资最大的一宗不动产买卖！希尔顿实现了他独霸旅馆业的美梦，成了名副其实的美国旅馆业大王。

五、开放学习与大胆创新精神

随着当今人类社会生活快速变化和技术进步日新月异，新的管理理念、新的理财思维、新的管理方式和新的管理技术层出不穷，需要酒店盈利者具备开放学习精神与能力，不断地加强自我"充电"，深入了解当今国内乃至世界上酒店业的前沿情况和发展趋势，使自己的知识能够跟上社会前进的步伐，为企业盈利寻求更大的潜力、空间和方式。

正如彼得·圣吉对企业家所言"未来唯一持久的优势是，比你的竞争对手学习得更快"（张立强，2014）。学习已经成为企业家、盈利家和现代社会每一个人赖以生存的重要手段。不学习，盈利家就没有新思路、新思想，就难以做出正确决策，形成合理的盈利模式。

开拓创新是一个民族进步不竭的动力。对于酒店企业而言，开拓创新同样是推进酒店持续成长的核心力量。酒店盈利家的创新能力包括观念创新、技术创新、组织创新和制度创新等多个方面。酒店盈利家不应墨守成规，应始终紧跟社会发展步伐，大胆开拓新市场、推出产品、推动新变革，对酒店发展与壮大做出自身应做的贡献。

案例

由世界知名酒店集团创业故事说开去 ①

保罗·杜布吕是雅高酒店集团创始人之一。保罗·杜布吕24岁时，来到美国疯狂阅读美国工商界最成功的范例，寻找一种可在欧洲变为现实的思路。假日饭店在美国市场的成功，使得保罗有了一个学习的标杆企业，他分析假日成功的原因，拍照片，拜访总经理，总结假日经验。

29岁时他决定回法国独闯天下。保罗成功地通过复制假日饭店的扩张模式，在法国获得了成功。但如果保罗仅仅停留在复制的水平，雅高不会成为世界排名第五的酒店集团，保罗一直保持着企业的创新。比如在20世纪60年代他在客房装有浴室；家具固定在墙上；电话摆在显著位置；他的广告"突击队行动"；这些创新增强了该酒店的市场吸引力、盈利能力与品牌的竞争力。

① 黄红莉. 由世界知名酒店集团创业故事说开去 [J]. 湖北经济学院学报（人文社会科学版），2011（12）：65—66.

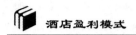

第三节 酒店盈利家新思维与新理念

近年来，随着经济全球化的日益深入和中国经济的持续繁荣，推动中国国内外旅游市场的迅猛增长，进一步带动中国酒店业的快速发展，并且使中国酒店业的发展进入新阶段。一方面，国际知名的酒店集团纷纷进入中国酒店市场，并且逐渐站稳脚跟，开始规模化地渗透，市场竞争日趋激烈，甚至变得残酷。另一方面，随着中国民众的国际旅游和中国企业的国际化扩张，在竞争中成长起来的中国酒店企业也开始走出国门，开始国际市场开拓，进入陌生的世界市场与环境中寻求生存发展。

同时，当前飞速发展的互联网、移动通信、人工智能等现代技术，既给中国酒店企业带来新的机遇，也带来新的挑战。另外，劳动力成本上升、独生子女成为就业主力军、公务消费政策变化等因素的出现，使中国酒店业的市场环境更加复杂多变。面对纷繁复杂的外部市场环境，酒店业新事物、新现象、新变化层出不穷。

当代中国酒店的盈利家为酒店的高层管理者或战略构建者需要在继承发展、开拓创新基础上，形成适应于新时代、新市场和新环境的管理思维与管理理念，推动中国酒店企业的快速成长与发展。

一、酒店盈利家的新思维

思维是人的大脑对客观事物概括的、间接的反应。感觉和知觉是当前事物在人头脑中的直接反应。记忆是人对过去经历过事物在头脑中的再现。在生活实践中，有许多凭感觉、知觉和记忆解决不了的问题。人类实践要求人们在已有的知识和经验的基础上，通过间接的途径去认识事物内在的、深层次、规律性的东西，这是人类的思维及其活动过程，这是人类认识活动的高级阶段。人类的思维十分活跃，思维方式也多种多样。不同的思维方式会形成对客观事物的不同认识，进而产生不同的态度和言行。正确的思维方式是正确认识客观事物的先决主观条件。

当代酒店盈利家要培养和树立正确的思维方式，才可以科学地开展酒店管理工作。适应酒店业的飞速发展与变化，酒店盈利家必须勇于打破传统的、旧有的思维方式，不断培养和树立新思维。当代酒店盈利家应具有的新思维包括：

1. 求实思维

求实思维是酒店盈利家在从事管理工作时，要从实际出发，无论解决任何问题，都要尽可能深入全面地探求问题形成的背景、历史和现状，使自己的认识尽可能符合实际。求实思维要求酒店盈利家在管理工作中真正做到"不唯上，不唯书，只唯实"。通过充分调查研究，全面了解酒店及其管理的历史与现状，掌握足够全面的信息，了解当今世界酒店业的发展态势，形成对符合酒店业客观实际的正确认识，为采取恰当的管理活动奠定坚实的基础，从而推动酒店企业的未来成长。

特别是作为酒店盈利家的酒店创业者，在创业初条件艰难时，通常都会遵守实事求是的思维与行为方式。但是，当酒店发展到一定程度，有些盈利家开始变得过于自信和盲目自大，喜欢别人恭维，听不进别人善意的劝告，高高在上，不再深入酒店经营的一线和了解酒店的发展趋势。这种不良的思维方式和行为模式往往会造成酒店发展中的巨大阻碍，甚至威胁到酒店的生存与盈利。

2. 辩证思维

辩证思维是指用对立统一、普遍联系和永恒发展的观点来看待一切事物。辩证统一思维包括三个方面：

一是对立统一，即万事万物既相互对立、相对斗争，又相互统一、相互依存，普遍具有两面性，看待事物时既要"一分为二"，又要"合二为一"。"一分为二"是指在看待事物时既要注意积极方面，又要关注消极方面，不要走片面、极端、偏听和偏信。酒店盈利家既要在光明时刻看到黑暗，又要在黑暗中看到光明，既看到全球酒店市场竞争的残酷，又看到市场的发展机遇。"合二为一"是指酒店盈利家在形成对事物的主要认识时，要看到事物的主要方面，形成鲜明的态度与立场，为正确的决策奠定基础，切忌"模棱两可、立场不明、是非不辨"，使酒店管理决策摇摆不定，错失好机会。

二是普遍联系，即万事万物都不是孤立、单体式存在，而是具有相互连结、相互依赖、相互影响、相互作用、相互转化等普遍的关联关系。酒店盈利家在看到事物和现象时，要关注事物的普遍联系性，特别是处理"牵一发而动全身"的复杂事物和问题时，要充分考虑事物间的普遍联系关系，避免遗漏掉重要的联系关系，避免片面化的决策与失误。

三是永恒发展，即万事万物始终处于发展变化之中，不要用僵化、静止的思维看事物、想问题，要用发展的眼光看事物、想问题。最常见的发展表现为事物不仅具有两面性，而且在一定条件下，还可以相互转化，即成语"盛极而衰，否极泰来"、"塞翁失马，焉知非福"。

酒店盈利家者应始终保持清醒认识，既能够在面对困难时以乐观的精神推动酒店走出困境，又能够面对顺利时以谨慎的态度保证酒店的盈利、生存与成长。

3. 求同思维

求同思维是指解决各类纠纷、矛盾时，不仅要看到矛盾双方相互间存在的对立、差异因素，更要看到矛盾双方相互间的统一、共同的因素，即做到"异中求同"，找到矛盾双方都能接受的共同点，这样更有利于问题解决。

酒店盈利家及管理者解决顾客与酒店纠纷、内部员工间的纠纷时，处理与供应商、竞争对手关系时，应在"求同思维"的指导下，找到双方的利益共同点和矛盾统一点，提出双方都接受的方案，在互利中解决问题和推动酒店成长。

4. 求异思维

求异思维是指观察事物和解决问题时，能够在差异性、不一致上做文章，形成有别于常规的新思路、新办法，即实现"同中求异"。

酒店盈利家在管理时不仅要自身具有求异思维，还要创造一种不拘一格、不受常规束缚的宽松、自由的环境，使员工、顾客能够充分表达自身的不同意见、不同想法，有利于产生出具有创造性的想法、思路和成果。求异思维的进一步演变就是创新思维。

5. 逻辑思维

逻辑思维，又称抽象思维，是指运用含义、判断、推理等形式，对客观现实进行符合规律和事理发展的反应，包括归纳演绎、因果推理、分析综合等。

归纳演绎是归纳和演绎的合称。归纳是指从众多个别事物中概括出具有共性特征的一般性含义、原则或结论的思维方式。简而言之，归纳就是从个别到一般。演绎是以一般含义、原则为前提推导出个别结论的思维方式，即依据某类事物都具有的共同属性、关系来推断该类事物中个别事物所具有的属性、关系的推理方法。简而言之，演绎就是从一般到个别。

因果推理可以进一步分为从原因到结果的推理或从结果追溯原因的推理，即"由因导果"或"执果索因"。因果推理是盈利家分析问题时经常使用的思维方式。

分析综合是分析与综合的合称。分析有两种类型：一种是从事物的结构或组成出发，将事物进行分解，以研究分解之后事物的具体内容；另一种是针对事物的具体表象或现象进行调查研究，以完成对事物变化的来龙去脉、前因后果的认识。

具有逻辑思维的酒店盈利家，既可以从个别现象、事例中归纳出一般规律，推动酒店规模化、集团化成长，又可以通过学习，将一般理论与知识，创造性应用于本酒店的管理实践，推动本酒店的成长。同时，具有逻辑思维的酒店盈利家，还可以通过分析综合、因果推理，在不断因果探索、追根溯源中，正确地认识和解决酒店当前发展中复杂多变的现象和问题。

6. 直觉思维

直觉思维，属于一种非逻辑思维。它是以个人的知识和经验为基础，通过直觉来提出含义、假设和决断的一种思维方式。

酒店盈利家如果掌握了这种思维方法，有助于从错综复杂的社会现象和管理问题中，及时做出有可能准确无误的判断和抉择。这种凭直觉思维做出的判断和抉择，在紧迫和危急关头，在无法进行周密的逻辑思维时，是一种非常宝贵的、非常必要的思维方式。

事实上，一个经验丰富的酒店盈利家，在日常决策中，几乎有将近一半的判断是凭直觉得到的。当然，直觉思维毕竟属于一种"有待证实"的判断，并不总是准确无误的，只要条件允许，还应尽可能运用逻辑方式、科学手段进行验证。

7. 形象思维

形象思维是指利用有形事物的特征或视觉影像来进行思维的方式。这种思维方式及其表述具有生动、鲜活、易于为人们所接受的特点，经常被酒店盈利家采用。例如酒店盈利家在讲抽象的道理和原则时，经常采用的案例说明法、讲故事说明法，就是应用形象思维表达方式，这种方式非常容易得到下属的理解和记忆。

8. 创新思维

创新思维是逻辑思维、求异思维和形象思维等思维方式的进一步延伸，是反映人类产生新思想、开拓新领域、创建新成果的思维活动。

具有创新思维的酒店盈利家，更倾向于不断追求变革，不断地推出新产品、新服务和新管理方式。通过创新思维和创新行为，酒店盈利家可以不断进行酒店管理创新、技术创新、产品创新、服务创新、制度创新和环境创新等，把酒店推向新的发展阶段。

二、酒店盈利家新理念

理念是指人们通过思维活动所归纳或总结出的思想、观念、含义与法则，是思维活动成果最集中的体现。适应当今酒店业竞争的全球化、激烈化趋势，当代酒店盈利家需要具有的新理念包括以下几点：

1. "利润是前提与基础"的盈利管理理念

利润是酒店盈利家开办酒店的最初目的，也是实现酒店生存与发展的前提与基础。酒店作为服务企业，是通过员工日常点点滴滴的对客服务行为，在满足顾客需求的基础上，辛辛苦苦赚来的。

酒店利润来得非常不容易，需要更加珍惜。同时，酒店盈利也是酒店应付未来风险与扩大经营的基础。没有盈利，酒店的生存与发展就失去基础与保障。酒店盈利家要始终关注酒店利润，将利润当作酒店盈利模式设计和经营管理决策时首要的前提与基础，在保证合理利润水平的前提下，进行盈利模式的设计与决策。

2. "顾客永远第一"的经营管理理念

"顾客永远第一"是"顾客就是上帝"、"顾客就是衣食父母"、"宾客至上"、"顾客永远是对的"等不同表达方式在酒店经营管理思想、观念和法则上的集中反映。该理念对于酒店盈利家具有永恒的生命力。

在当今市场经济条件下，酒店业作为一个市场形态上充分竞争，市场总体上供过于求，市场态势上竞争激烈的产业，决定了酒店在经营管理中，要永远把顾客的利益与需求放在第一位，酒店的所有产品和服务都要围绕顾客价值需求展开，酒店的一切活动都要以为顾客创造价值为目的，这样才能保证酒店盈利模式的合理性和酒店经营管理沿着正确的方向和道路前进，酒店盈利家才能为自身管理确立合法性和权威性。

3."人生即服务"的服务理念

从客观上讲，社会上所有人的存在都是以需要别人提供服务为前提，而要想获得别人提供的服务，就需要自身能够为别人提供服务，即所谓的"人人为我，我为人人"。从某种意义上讲，"服务他人"既是人生的一种责任，也是获得人生意义和价值的主要方式。

酒店企业作为一个以提供接待住宿服务为主的服务企业，客观上更要求酒店盈利家具有强烈的"服务信念"和服务责任意识，把为别人提供服务作为自身的人生信条和人生责任，在为别人服务中，实现自身的人身价值，寻找到自身的人生意义。

从某种意义上讲，"酒店人的一生，就是为别人服务的一生"，从更广泛的意义上讲，所有人的一生都是服务于他人的一生，只不过是服务方式、手段和效果不同而已。

酒店盈利家要树立起"人生即服务"的服务理念，为服务好顾客，充分满足顾客的价值需求，管理好酒店，实现酒店和自身价值奠定坚实基础。

4."质量是生命"的质量管理理念

酒店的服务质量决定着酒店的成败。大量事实证明，酒店如果不重视服务质量，很快就会失去顾客与市场，导致酒店经营亏损，甚至破产。相反，如果酒店能够提供全面的、个性化、质量优秀的服务产品，就能在市场上取得持久的竞争优势，获得更好、更长久的经济效益与发展。

因此，酒店要想在激烈的酒店业市场站稳脚跟，并不断地发展壮大，酒店盈利家就要牢固树立"质量是生命"的质量管理理念，以质量求市场、以质量求效益，以优异的服务质量赢得顾客的信赖和成长机会。同时，酒店盈利家还应把重视酒店服务质量、"质量就是生命"这种质量管理理念融入酒店企业文化，成为酒店员工一切行为的指导，以优异的质量赢得顾客的满意与忠诚。

5.“品牌最宝贵”的品牌管理理念

品牌是区别不同企业所生产和销售的产品或服务的名称、标记、图案、形象或其他特征。品牌对酒店与顾客都有着非常重要的意义。对于酒店来说，品牌有助于将自身产品从大量酒店产品中区别出来，形成良好产品形象和企业形象。对于顾客而言，品牌可以识别不同的酒店产品，从而决定自己的选择，并且可以通过消费名牌产品获得心理上的满足感。

同时，酒店产品的无形性和同步性决定了在顾客购买前，酒店无法当场向顾客进行完整产品展示，消费者只有通过产品的有关信息来做出购买决策，品牌作为酒店产品和服务信息的综合体现，可以有效地向顾客传递产品和服务的质量信息。

在某种意义上讲，品牌是酒店最宝贵的资产和重要的盈利屏障，具有显著的增值效应，能最大限度地提升酒店价值。酒店盈利家要树立“品牌最宝贵”的品牌管理理念和品牌管理意识，充分关注和提高酒店品牌，巩固和提高员工满足与忠诚屏障，增加酒店的市场竞争力和发展潜力。

6.“员工最重要”的人力资源管理理念

酒店作为一种服务企业，酒店产品服务质量和酒店企业品牌形象都是全体酒店员工共同努力的成果。酒店员工构成酒店的人力资源。人力资源与物质资源最大的区别是人力资源具有价值创造性。酒店员工创造的价值构成酒店利润最主要的来源，而酒店利润是支撑酒店生存与发展的物质基础。因此，酒店员工是酒店最重要的资产，员工满意与忠诚是酒店重要的盈利屏障，是支撑酒店生存与发展最重要的基础。

酒店员工的重要性决定了酒店管理必须充分重视对酒店人力资源的科学管理。在管理中，明确认识到“只有满意的员工，才有满意的顾客”、“只有能够让顾客满意的员工，才是值得酒店满意的员工”，把员工当作酒店最重要的资源，通过科学的手段，充分调动员工积极性、创造性，不断提高员工的满意度和忠诚度，巩固和提高员工满足与忠诚屏障，为酒店的发展奠定坚实的基础。

7. "低碳与环保"的可持续发展理念

近年来，随着温室效应的加剧和人类生存环境恶化，减少碳排放、节约能源和保护自然、生态环境，实现可持续发展，日益成为世界性共同认识。

传统酒店业是一个"高能耗、高排放、高污染"的行业，据资料显示，一个中等规模的酒店，一年要消耗 1400 吨煤的能量，向空中至少排放 4200 吨的二氧化碳、70 吨烟尘和 28 吨二氧化硫。酒店能源费用的支出占营业费用的比例达到 8%~15%。

可见在酒店盈利模式的设计创新时，应贯彻"低碳与环保"的可持续发展理念，在盈利杠杆的设计中充分考虑节能环保措施，保护自然和生态环境，建设绿色酒店，这既是酒店企业和酒店盈利家的一种社会责任，又是实现人类社会可持续发展的内在必然要求。

8. "创新无止境"的创新理念

在竞争激烈的酒店业市场，顾客面临日益众多的选择机会，酒店企业要想持续地赢得顾客和市场竞争，酒店盈利家不仅要培养创新思维和创新意识，而且不能被一时的创新效果冲昏头脑，变得故步自封，停滞不前。这样，早晚会被新的创新所淘汰。

因此，酒店盈利家要牢固树立"创新无止境"的创新理念，始终密切关注市场趋势和顾客需求趋势变化，通过持续而永不停止的创新行为，不断推出新产品和新服务，保持酒店盈利模式持久的生命力，在巩固已有市场的同时，不断开拓新市场，赢得顾客长久的满意和忠诚，实现酒店长期的生存与发展，实现创办百年名店、千年名店的远大目标。

参考文献

［1］Afuah Allan, Tucci Christopher L.. Internet Business Models and Strategies: Text and Cases ［M］. New York: Irwin McGraw-Hill Higher Education, 2000.

［2］Amit Raphael, Zott C. Hristoph. Value Creation in E-business ［J］. Strategic Management Journal, 2001 (6/7): 493-520.

［3］Babin, B.J., Darden, W. R., Griffin M.. Work and/or Fun: Measuring Hedonic and Utilitarian Shopping Value ［J］. Journal of Consumer Research, 1994 (4): 644-656.

［4］Cardozo, Richard N.. An Experimental Study of Customer Effort, Expectation, and Satisfaction ［J］. Journal of Marketing Research, 1965 (3): 244-249.

［5］Day G. S.. A Two-Dimension Concept of Brand Loyalty ［J］. Journal of Advertising Research, 1969 (3): 29-35.

［6］Dick, Basu. Customer Loalty: Toward an Integrated Framerwork ［J］. Journal of the Academy of Marketing Seicnce, 1994 (2): 99-123.

［7］Gale B.. Managing Customer Value: Creating Quality and Service that Customer Can See ［M］. The Free Press, 1994.

［8］Gronroos C.. From Marketing Mix to Relationship Marketing: Toward a Paradigm Shift in Marketing ［J］. Management Deeision, 1994 (2): 4-17.

[9] Heskett James L., Jones Thomas O., Loveman Gary W., Sasser W. Earl, Schlesinger Leonard A..Putting the Service −Profit Chain to Work [J]. Harvard Business Review, 1994 (2): 170-174.

[10] Holbrook M.B.. Customer Value—A Framework for Analysis and Research [J]. Advances in Consumer Research, 1996 (23): 138-142.

[11] Jacoby, J.. A Model of Multi——Brand Loyalty. Journal of Advertising Research, No.3, 1971 (3): 25-31.

[12] Kuehn A.. Consumer Brand Choice as a Learning Process [J]. Jurnal of Advertising Research, 1962 (4): 10-17.

[13] Linder Jane C., Cantrell Susan.. Five Business −model Myths that Hold Companies Back [J]. Strategy & Leadership, 2001 (6): 13-18.

[14] Macdonald E. K., Sharp B. M.. Brand Awareness Effects on Consumer Decision Making for a Common Repeat Purchase Product: A Replication [J]. Journal of Business Research, 2000 (1): 5-15.

[15] Magretta Joan. Why Business Models Matter [J]. Harvard Business Review, 2002 (5): 86-92.

[16] Mahadevan B.. Business Models for Internet −based E −commerce: An Anatomy [J]. California Management Review, 2000 (4): 55-69.

[17] McDougall G.H.G., Levesque T.. Customer Satisfaction with Services: Putting Perceived Value into the Quation. Journal of Services Marketing, 2000 (4/5): 392-409.

[18] Newman, J. W., Werbel R. A.. Multivariate Analysis of Brand Loyalty for Major Household Appliances. Journal of Marketing, 1973 (4): 104-109.

[19] Osterwalder A., Pigneur Y.. An E −business Model on Tologyfor Modeling, 2002, Proceedings: Paper 2.

[20] Park C. W., Jaworski B.J., Strategic Brand Concept-Image Manage-

ment [J]. MacInnis, D. J.. Journal of Marketing, 1986 (4): 135-145.

[21] Rappa M.. Business Models on the Web [Z]. http//digitalenterprise. org /models /models.html.

[22] Reichheld F.F., Sasser W.E., Zero Defection: Quality Comes to Service [J]. Harved Business Review, 1990 (5), 39-49.

[23] Russell Thomas. Business Value Analysis: Coping with Unruly Uncertainty [J]. Strategy & Leadership, 2001 (2): 16-24.

[24] Schneider G. P. Electronic Eommerce [M]. Course Technology, Boston, 2004.

[25] Selnes F.. An Examination of the Effect of Product Performance on Brand Reputation, Satisfaction and Loyalty. European Journal of Marketing, 1993 (9): 19-35.

[26] Sheth Jagdish N., Newman Bruce I., Gross Barbara L.. Why We Buy What We Buy: A Theory of Consumption Values [J]. Journal of Business Research, 1991 (2): 159-170.

[27] Stewart D W, ZhaoQin. Internet Marketing, Business Models, and Public Policy [J]. Journal of Public Policy & Marketing, 2000 (2): 287-296.

[28] Sweeney Jillian C., Soutar Geoffrey N..Consumer Perceived Value: The Development of a Multiple Item Scale [J]. Journal of Retailing, 2001 (2): 203-220.

[29] Tse, D.K. Understanding Chinese People as Consumers: Past Finding and Future Propositions [M]. Hong Kong: Oxford University Press (China), 1996.

[30] Venkatraman N., John C. Henderson. Real Strategies for Virtual Oranizing [J]. Sloan Management Review, 1998, 40 (1): 33-48.

[31] Viscio A. J., Bruce A. P.. Toward a New Business Model [J]. Strate-

gy & Business，1996（2）：307.

[32] Woodruff Robert B.. Customer Value：the Next Source for Competitive Advantage［J］. Journal of the Academy of Marketing Science，1997（2）：139-153.

[33] Zaeithamal V. A.，Consumer Perceptions of Price，Quality，and Value：A Means-End Model and Synthesis of Evidence［J］. Journal of Marketing. 1988（3）：2-22.

[34] Zaithamal V. A.，Parasuraman A.. Delivering Quality Service，Balancing Customer Perception and Expectations［M］. The Free Press，New York，1990.

[35] Gartner Group. Strategic Planning ［R］. Research Note，2001：1-3.

[36]《旅游饭店星级的划分与评定释义》编写组. 旅游饭店星级的划分与评定释义［M］. 北京：中国旅游出版社，2010.

[37]《中关村》杂志. 绿色生态会议会展场所——北京稻香湖景酒店［J］.中关村，2010（2）：122-123.

[38]［美］阿尔温·托夫勒. 未来的冲击［M］. 孟广均，吴宣豪等译. 北京：中国对外翻译出版公司，1985.

[39] 白长虹，范秀成，甘源. 基于顾客感知价值的服务企业品牌管理［J］.外国经济与管理，2002（2）：7-13.

[40] 陈国新. 实施集中采购提升锦江品质［J］.上海商业，2011（8）：16-17.

[41] 陈雪琼. 女性性别优势对饭店管理模式的影响［J］.饭店现代化，2003（5）：34-36.

[42]［美］菲利普·科特勒. 营销管理［M］. 梁绍明，陈振忠，梅清豪译. 北京：中国人民大学出版社，2005.

[43] 葛夕良. 旅游税收的效应与我国旅游税制的完善［J］.宏观经济

研究，2008（8）：28-34.

[44] 郭金龙，林文龙.中国市场十种盈利模式 [M].北京：清华大学出版社，2006.

[45] 郭庆凤.宏观环境对饭店经营管理影响 [D].江西科技师范学院，2010.

[46] 哈维·汤普森.创造顾客价值：IBM 公司的金牌培训书 [M].赵占波译.北京：华夏出版社，2003.

[47] 韩莉.基于价值链的顾客价值研究 [D].东北林业大学，2010.

[48] 华亦雄."诗性智慧下传统营造技艺的保护与传承——以安缦法云精品酒店为例"[J].装饰，2014（11）：135-136.

[49] 黄红莉.由世界知名酒店集团创业故事说开去 [J].湖北经济学院学报（人文社会科学版），2011（12）：65-66.

[50] 黄卫伟.生意模式与实现方式 [J].中国人民大学学报，2003（7）：77-84.

[51] [美] 加里·哈默尔.领导企业变革 [M].卫新等译.人民邮电出版社，2002.

[52] [澳] 贾侬·坎达姆普利.服务管理——酒店管理的新模式 [M].程尽能，韩鸽等译.北京：旅游教育出版社，2006.

[53] 康丽.饭店大王唐拉德·希尔顿 [J].财经界，2008（9）：123-125.

[54] 李飞，汪旭晖.中国零售业盈利模式：过去、现在及未来 [J].改革，2006（8）：1-8.

[55] 栗学思.如何规划企业的赢利模式 [J].通信企业管理，2003（6）：9.

[56] 廖光萍.中国老年旅游市场的现状分析及开发对策 [J].旅游纵览，2013（1）：42-43.

[57] 刘丽丽.酒店员工作满度影响因素的研究 [D].吉林大学，2007.

[58] 刘文新，郭旭.山城有了"女性酒店" [N].中国消费者报，

2006-5-12（5）.

　　[59] 吕松.北京东方君悦，典范的商务酒店空间 [J].家居与环境，2004（2）：47-53.

　　[60] [美] 迈克尔·波特.竞争优势 [M].陈小悦译.北京：华夏出版社，2005.

　　[61] 孟庆杰，陈学清，谢中田.饭店业导论 [M].中国旅游出版社，2009.

　　[62] 牛士龙.顾客价值研究评述及其展望 [J].市场研究，2011（5）：38-40.

　　[63] 裴正兵.基于"顾客价值"的盈利模式理论结构体系探讨 [J].财会通讯，2015（2）：62-64.

　　[64] 钱丽娜.假日酒店大堂就能变身社交中心 [J].商学院，2012（6）：29.

　　[65] 容莉.酒店企业采购成本控制的新思考 [J].扬州大学烹饪学报，2003（1）：55-57.

　　[66] 沈东莓.诠释"奢化"北京首家超五星级旅馆——金融街丽思—卡尔顿酒店（The Ritz-Carlton, Beijing Fincial Street）设计 [J].建筑设计，2006（3）：5-12.

　　[67] 沈鑫.北京地区五星级酒店客房设计研究 [D].北京：北方工业大学，2012.

　　[68] 谭蓓.基于顾客价值分析的顾客流失管理 [J].生产力研究，2008（2）：126-128.

　　[69] 陶洋，海龙.西方顾客价值及相关理论与研究 [J].商场现代化，2009（1）.

　　[70] 王邦花.基于顾客需求导向的酒店收益管理对策 [J].饭店现代化，2012（4）：60-63.

[71] 王海燕，赵培标. 基于顾客价值的企业战略 [J]. 经济管理，2003（6）：27-30.

[72] 魏德东. 一座饭店的宗教史 [N]. 中国民族报，2012-10-16 (6).

[73] 谢浩. 用黄金打造的阿拉之星——迪拜帆船酒店 [J]. 上海建材，2014（4）：27-28.

[74] 谢琳. 喜达屋酒店集团品牌建设及其启示 [J]. 旅游纵览，2014（8）：105-107.

[75] 邢飞. 汉庭酒店连锁 CEO 季琦：书写连续创业传奇 [N]. 经理日报，2009-1-2（2）.

[76] 徐宏，赵慧宁. 精品酒店设计初探 [J]. 美与时代，2011（5）：39-41.

[77] 徐楠，廖成林. 基于顾客价值理论的饭店竞争优势研究 [J]. 生态经济（学术版），2011（10）：251-253.

[78] 许宁. 希尔顿饭店的成功宝典——"饭店大王"是如何打造其"饭店王国"的 [J]. 心理世界，2007（4）：8-10.

[79]〔美〕亚德里安·斯莱沃斯基，〔美〕大卫·莫里森等. 发现利润区 [M]. 凌小东等译. 北京：中信出版社，2010.

[80]〔美〕亚德里安·斯莱沃斯基，〔美〕大卫·莫里森等. 利润模式 [M]. 张星等译. 北京：中信出版社，2007.

[81] 阎峰. 传媒盈利模式：概念、特点与战略层次 [J]. 新闻界，2006（6）：21-23.

[82] 尤聚霞. 绿色酒店：用节能创造经济效益 [J]. 广东科技，2009（7）：47-48.

[83] 于英丽. 饭店管理概论 [M]. 北京：中国轻工业出版社，2013.

[84] 原磊，商业模式分类问题研究 [J]. 中国软科学，2008（5），35-44.

[85] 约瑟夫·派恩，詹姆斯·吉尔摩. 体验经济时代 [M]. 夏业良，鲁

炜译. 台湾: 经济新潮社, 2003.

[86] 约瑟夫·熊彼特. 经济发展理论 [M]. 何畏等译. 北京: 商务印书馆, 1990.

[87] 张立强. 企业家应具备的素质探析 [J]. 管理观察, 2014 (7): 137-138.

[88] 赵丽伟, 刘天飞. 酒店市场营销 [M]. 北京: 北京大学出版社, 2011.

[89] 郑均良. 饭店大王唐拉德·希尔顿 [J]. 名人传记 (财富人物), 2009 (2): 42-45.

[90] 钟啸灵. 锦江酒店: 新技术先进者 [J]. IT 经理世界, 2014 (7): 72-74.

[91] 左一响, 周章. 印度文化遗产观光酒店发展战略 [N]. 中国旅游报, 2007-9-28 (11).

后　记

　　写作本书的最初源起与笔者专业研究和实践领域紧密相关。笔者硕士研究生期间，在首都经济贸易大学杨世忠教授的指导下，从事会计学的学习与研究。受会计学专业出身影响，笔者对于企业的收入、成本、利润等概念特别敏感。

　　在博士研究生期间，笔者博士生导师中国人民大学黄卫伟教授从事着企业商业模式研究。当时，企业界对商业模式的关注主要集中在"所讲的故事是否动听、能否吸引人、能够筹到多少钱"，对其商业模式的盈利性却很少做深入的审慎性思考，由此产生了许多创业泡沫，造成社会资源的极大浪费。

　　于是，笔者产生对企业盈利模式进行研究的想法。但是，从想法到成果需要大量的时间和精力投入。而且，笔者做事又较认真，既要了解和学习前人大量的研究成果，又希望形成有创新价值的研究成果，困难很大。

　　2006年，笔者进入北京联合大学旅游学院，先后从事财务管理、旅游与酒店业的研究、相关教学和管理工作。较大的教学任务和琐碎的教学管理工作，使得本书的写作受到极大影响。从最初的想法，到最终写作完成，前后经历了十余年时间，即使从动笔开始算起也用了长达五年多的时间。

　　本书的研究与写作借鉴和引用了许多研究者的成果，在此再次表示谢意。同时，本书写作过程中得到许多专家和同事的指点，以及经济管理出版社编辑对本书出版给予了极大的帮助与支持，在此一并表示感谢。因笔者水平有限，书中疏漏之处在所难免，敬请大家赐教与指正。

裴正兵

2015 年 11 月 25 日